Knaur

Gabi Schierz ▪ Gabi Vallenthin

LOW FETT 30
Hausmannskost

Knaur

Gabi Schierz ■ Gabi Vallenthin

LOW FETT 30
Hausmannskost

www.knaur.de

GO! 30 FETT
max. 30% der Gesamtkalorien aus Fett

Inhalt

Heftig deftig – das war einmal

Hausmannskost, das ist für uns alle der Inbegriff traditioneller Küche. Fette Saucen, fettes Fleisch, Gemüse in Mehlschwitze, Nudeln in Butter geschwenkt – Küche wie in den Wirtschaftswunderzeiten, als Oma nach langen Jahren des Knapsens und Knauserns endlich wieder aus dem Vollen schöpfen konnte: Jetzt gab es wieder »gute Butter« und regelmäßig einen richtigen Sonntagsbraten. Entsprechend wuchsen die Bäuche – ein bisschen dick war durchaus schick. Die Erinnerung an Hunger, Kälte, Lebensmittelmarken, Fischkonserven und Maismehl war einfach noch zu lebendig, als dass man sich ernsthaft hätte zügeln wollen.

Als der Diätenwahn losbrach

Und dann kam Mitte der 60er Jahre Twiggy. Stäbchenbeine, hohle Wangen, große dunkle Augenhöhlen ... der Diätenwahn brach los.
Von nun an gab es Hausmannskost *oder* gesunde Ernährung. Mal das eine, mal das andere. Mal 1.000 Kalorien – und nach sechs Wochen wieder der übliche Trott. Das war die Geburtsstunde des Jojo-Effekts. Ende der 60er bis Mitte der 90er Jahre überboten sich die Diätkonzepte in Bezug auf Einschränkungen, Einseitigkeit und Einfallslosigkeit. Es musste immer gewogen und gemessen werden, berechnet und begrenzt: Was gut schmeckte, kam auf den Index. Was ekelig und scheußlich war und dazu schwer einzuhalten, avancierte ruck, zuck zur Wunderkur. »Dick sein« wurde einfach als Mangel an Disziplin gewertet – und »dünn sein« zum Indikator für gutes Image erhoben: Der Grundstein für jede Form von Ess-Störung war erfolgreich gelegt. Und heute?

Was wir heute wissen

Heute sieht man die Dinge differenzierter, weiß eine Menge über den Jojo-Effekt und viele andere erstaunliche Dinge:

- Diäten bringen nur so lange etwas, wie man sie durchhält
- Extreme Gewichtsabnahmen in kürzester Zeit sind unrealistisch und ungesund dazu
- Eine gute Figur hängt nicht nur mit dem Essen zusammen
- Ernährung muss durch Bewegung ergänzt werden
- Es gibt keine Wundermittel – was allerdings nicht heißt, dass man nicht doch dann und wann der Verheißung der »Turbo-Kapseln mit der Fett-weg-Garantie« erliegt. Aber rein theoretisch wissen wir es.

Mit der LOW FETT 30-Bewegung kam eine weitere Erkenntnis hinzu: *Nur weil etwas gut schmeckt, muss es noch lange nicht ungesund sein!*

Unser Gewicht ist zunächst der Indikator dafür, wie Nahrung und Bewegung auf unseren höchst individuellen Stoffwechsel einwirken: Der eine kann futtern und futtern, bekommt aber trotzdem nichts auf die Rippen – und das, obwohl er keinen Sport treibt. Die wesentlich größere Zahl unserer Mitmenschen setzt dagegen Nahrung rasend schnell in Pölsterchen um. Und selbst wenn diese Menschen sich dann beim Essen zügeln, keinen Alkohol trinken und Sport treiben, kann es passieren, dass sie nur im Schneckentempo abnehmen.

Essen Sie nach den drei Regeln

Falls Sie auch zu jenen gehören, die jedes Nahrungsangebot direkt auf die Hüften packen, gibt es dennoch für Sie wirksame Möglichkeiten, den Speckröllchen zu Leibe zu rücken. Fangen Sie damit an, dass Sie nicht immer zugreifen, wenn Ihnen etwas Leckeres angeboten wird. Gewöhnen Sie sich an, nur zu essen, wenn Sie Hunger haben, und nicht schon, wenn irgendetwas Essbares in Reichweite liegt. Doch wenn Sie essen, setzen Sie sich dazu hin, essen Sie in Ruhe und mit Genuss. Und essen Sie Dinge, die Ihnen schmecken, nicht nur Sachen, die ausschließlich »vernünftig« sind. Halten Sie sich einfach an unsere drei LOW FETT 30-Regeln, dann kann gar nichts passieren (siehe Kasten).

Es gibt jede Menge total leckere Lebensmittel und köstliche Rezepte, die in unser Konzept passen. Sie müssen sich also beim Essen nicht dauerhaft vergewaltigen – LOW FETT 30 erlaubt hier ehrliche Kompromisse!

Die drei Regeln von LOW FETT 30

Für alle wird das Leben rundherum leichter, wenn sie die drei Regeln von LOW FETT 30 beherzigen.

1. Essen Sie, wenn Sie Hunger haben – aber NUR dann. Essen Sie nicht aus Langeweile, nicht aus Frust und nicht, um in bessere Stimmung zu kommen. Aber essen Sie, wenn der Magen knurrt. Nicht vorher.
2. Hören Sie auf, wenn Sie satt sind. Sie sollen nicht mit hungrigem Magen aufstehen – aber Sie sollen sich nicht noch einen zweiten und einen dritten Teller nehmen, nur weil es mal wieder so vorzüglich schmeckt.
3. Alles, was Sie essen, soll LOW FETT 30 sein. Das heißt, jedes Gericht, jeder Snack, jede Mahlzeit, jeder Bissen soll nicht mehr als 30 Prozent seiner Kalorien (des Brennwertes) aus Fett beziehen. Sie müssen da nichts mehr addieren (geht beim Prozentrechnen gar nicht!), sondern einfach nur aufpassen, dass das, was Sie gerade auf dem Teller liegen haben, LOW FETT 30 ist.

Nehmen Sie einfach ein Produkt aus Ihrem Kühlschrank oder Ihrer Vorratskammer, auf dem eine Nährwerttabelle abgedruckt ist (kleiner Tipp: überall, wo »light« oder »Diät« auf der Verpackung steht, *muss* eine Nährwertangabe darauf sein!), und setzen Sie die Werte in folgende Formel ein.

Das ist die Fettformel, die wir benötigen

$$\frac{\text{Gramm Fett x 9 kcal x 100}}{\text{Gesamtkalorien}} = \text{\% der kcal aus Fett}$$

Beispiel: Ein Fruchtjoghurt hat 0,1 Gramm Fett – und 79 kcal pro 100 Gramm. Das ergibt dann: 0,1 x 9 kcal x 100 : 79 kcal = 1,13 % kcal aus Fett.
Dieser Joghurt ist also LOW FETT 30.
Essen Sie ihn, wenn Sie Hunger haben!
Sie werden beim Nachrechnen anderer Produkte feststellen, dass längst nicht jedes »Diät«-Produkt auch wirklich so wenig Fett hat, dass es LOW FETT 30 ist. Das liegt an unserem Lebensmittelkennzeichnungsrecht: Da darf jedes Produkt, das 30 Prozent weniger Fett oder Zucker hat als das originale Vergleichsprodukt des gleichen Herstellers, mit »light« gekennzeichnet werden. Wenn das Original sehr fett ist (oder überwiegend aus Fett besteht wie Margarine oder Käse), reichen 30 Prozent weniger leider nicht aus, dass aus dem jeweiligen Produkt ein LOW FETT 30-Produkt wird. Das werden Sie spätestens bei »light-Käse« und »light-Margarine« feststellen. Wenn Sie sich mit dem Taschenrechner bewaffnet auf die Jagd nach den LOW FETT 30-Schätzchen machen, werden Sie sich mit Sicherheit manches Mal wundern.
Hinter einer Auslobung mit »Diät« steckt meist ein Produkt für Diabetiker: »Diät-Schokolade« wird anstelle des üblichen Zuckers mit Fruchtzucker hergestellt. Da sich Fruchtzucker aber maschinell schwieriger verarbeiten lässt als Haushaltszucker, fügen die Lebensmitteltechnologen noch mehr der Produktion zu. Für einen Diabetiker ist das sicher eine Lösung – für jemanden, der abnehmen will, dagegen nicht.

Die LOW FETT 30-Nährwertampel

Damit Sie sich die mühselige Suche nach Nährwerttabellen sparen können, haben wir für Sie ein bisschen vorgearbeitet und die Nährwerte von über 5.000 Lebensmitteln ermittelt und in der Nährwertampel veröffentlicht. Hier nennen wir Ross und Reiter – wobei Sie sicher gerade bei den Süßigkeiten auch so manche positive Überraschung erleben werden!

Die Grundlagen unserer Ernährung

Es gibt drei verschiedene Nahrungsbausteine, die abhängig von ihrer Menge den Brennwert, sprich »die Gesamtkalorien« eines Lebensmittels ausmachen. Die drei Nahrungsbausteine sind:

- Kohlenhydrate
- Eiweiß
- Fett

Es wäre ganz einfach mit den Prozenten, wenn jeder der drei Bausteine die gleiche Kalorienzahl hätte. Das ist natürlich nicht so.
1 Gramm Kohlenhydrate hat 4 kcal.
1 Gramm Eiweiß hat 4 kcal.
1 Gramm Fett hat 9 kcal.
Ein Gramm Fett hat mehr als doppelt so viele Kalorien wie Kohlenhydrate oder Eiweiß. Oder anders: Wenn Sie anstelle eines Gramms Fett ein Gramm Kohlenhydrate oder ein Gramm Eiweiß essen, sparen Sie glatt 5 Kalorien ein. Pro Gramm.

LOW FETT 30-Rechenspielereien

30 Prozent der Kalorien aus Fett zu sich zu nehmen, ist die seit Jahrzehnten gültige Empfehlung der Deutschen Gesellschaft für Ernährung (DGE). Der bundesdeutsche Durchschnitt liegt allerdings bei rund 55 Prozent der Kalorien aus Fett. In Gramm Fett umgerechnet heißt das: Bei 2.000 Kalorien (und die meisten von uns essen weit mehr als 2.000 Kalorien pro Tag!) bedeutet dies, dass allein 1.100 Kalorien aus Fett kommen – was etwa 122 Gramm Fett entspricht. Bei einer Verminderung auf LOW FETT 30, sprich »maximal 30 Prozent der Kalorien aus Fett«, wären es nur noch 66 Gramm Fett. Wenn man die Differenz von 56 Gramm durch die entsprechende Anzahl Kohlenhydrate mit 4 Kalorien pro Gramm ersetzt, spart man so 300 kcal pro Tag ein – und es liegt nicht weniger auf dem Teller, eher mehr, denn Kohlenhydrate kommen meist in Begleitung mit Ballaststoffen und Wasser daher, wie bei Brot, Reis, Nudeln, Gemüse oder Obst.

Kochen ist keine Zeitverschwendung

Außer Haus irgendetwas zu essen – »mal eben zwischendurch« – ist, zugegebenermaßen, sehr verführerisch. Es wird uns ja auch so leicht gemacht mit dem großen Angebot an Fast Food und Pommes frites am Straßenrand, Pizza-Ecken in der Einkaufspassage und Würstchen-Buden vor dem Baumarkt. Doch das Nahrungsmittelangebot in den Einkaufsmeilen unserer Städte hat in aller Regel eines gemeinsam: Es ist entschieden zu fett. Investieren Sie die Zeit und kochen Sie wirklich selbst. Wenn Sie am Samstag mit den Kindern zum Einkaufen fahren, essen Sie anschließend zu Hause.

Es gibt Studien, die besagen, dass man nur das Essen, das man wirklich im Sitzen zu sich genommen hat, auch als »Essen« registriert. Die gehaltvollen Häppchen, die man im Vorübergehen verzehrt, egal ob Eis, Kuchen, gebackener Fisch, Reibekuchen oder Bratwurst, zählen wir überhaupt nicht richtig mit. Und da sie überwiegend leere Kalorien liefern, die nur kurzfristig das Hungergefühl dämpfen, haben wir auch bald wieder Lust auf »was Richtiges«.

Wie man »was Richtiges« lecker und dabei wirklich leicht zubereitet, erfahren Sie in diesem Buch. Und unsere Rezepte sind so einfach, dass Sie gar nichts mehr falsch machen können.

Wir würden uns freuen, wenn auch Sie bald zu den LOW FETT 30-Anwendern zählen würden, die wieder regelmäßig und mit Spaß kochen, brutzeln und backen. Die Zeit, die Sie in die Zubereitung von gutem, fettarmem Essen investieren, zahlt sich für Sie und Ihre Familie doppelt und dreifach aus!

Gut gewählt gewinnt!

Sie sollen also Fett einsparen und mehr Kohlenhydrate essen. Lieferanten von Kohlenhydraten sind:

Gemüse, Salat, Obst, alle »Nährmittel« wie Mehl, Nudeln, Reis, Ebly (Zartweizen), Hülsenfrüchte, Zucker, Honig...

Entscheiden Sie sich nach Möglichkeit für die vollwertigen Varianten von Brot, Reis und Nudeln und legen Sie einen Schwerpunkt auf Gemüse, Salat und Obst.

Natürlich sollen Sie nicht *mehr* essen als vorher. Essen Sie sich einfach genauso satt wie bisher – nur eben mit einem Schwerpunkt auf diesen Kohlenhydratlieferanten.

Die Deutsche Gesellschaft für Ernährung (DGE) empfiehlt, dass mindestens 55 Prozent der täglichen Kalorien aus (möglichst vollwertigen) Kohlenhydraten stammen sollten.

Lieferanten von Eiweiß

Lieferanten von Eiweiß sind Fleisch, Fisch, Fleischwaren, Eier, Milch- und Milchprodukte, Sojaprodukte, Hülsenfrüchte und Pilze. Nach der Ansicht der Deutschen Gesellschaft für Ernährung sollen 15 Prozent der täglichen Kalorien aus Eiweiß kommen, möglichst gleichmäßig verteilt auf pflanzliches und tierisches Eiweiß.

Auch hier liegen die Deutschen nicht in den empfohlenen Vorgaben: Der Verzehr von tierischem Eiweiß ist durch die große Menge an Milchprodukten und Fleisch, die wir vertilgen, bei uns überproportional hoch. Pflanzliches Eiweiß nehmen wir dagegen kaum zu uns. Auch hier gilt es, ein bisschen umzudenken, ohne sich aber zu viel zuzumuten.

Lieferanten von Fett

Fett findet man in fettem Fleisch und Fisch (z.B. Schweinenacken, Krustenbraten, Bratwurst, Aal, Karpfen), in Butter, Sahne und Schmand, Käse sowie in Nüssen und Samen (z.B. Sesam, Leinsamen, Kürbiskerne, Sonnenblumenkerne).

Während man tierisches Fett (vor allem fettes Fleisch und Milchfett) nach Möglichkeit komplett durch magere Alternativen ersetzen sollte, ist der Verzehr von pflanzlichem Fett für unseren Organismus wichtig. Wenngleich in kontrollierten Mengen!

Man unterscheidet grob zwischen gesättigten und ungesättigten Fetten: Fettes Fleisch und Milchfett sind gesättigte Fette – Pflanzenfette setzen sich aus einfach- und mehrfach ungesättigten Fetten zusammen.

Ungesättigte Fette kann unser Körper nicht selbst bilden, er muss sie von außen über die Nahrung aufnehmen. Er *muss* sie aufnehmen, denn sie sind für unseren Organismus lebensnotwendig (Sie haben sicher schon einmal den Begriff »essenziell« gehört!). Da aber auch in gesunden Fetten 9 kcal pro Gramm stecken, ist eine exakte Dosierung erforderlich.

Die Umsetzung ist eigentlich gar nicht so schwierig: Sie vermeiden rigoros tierisches Fett. Tauschen Sie die Butter, die Sie verwenden, durch Margarine aus (pflanzliches Fett!). Achten Sie beim Einkaufen darauf, dass möglichst wenig gehärtete Fette in der Margarine sind.

Ihren Salat bereiten Sie ab sofort nicht mehr mit Sahne- oder Joghurt-Dressings zu, sondern mit einem Essig/Öl-Dressing, das Sie mit kaltgepresstem Olivenöl selbst herstellen. Um in den Genuss eines möglichst breiten Spektrums an wertvollen Fettsäuren zu kommen, sollten Sie beim Salatöl mit kaltgepresstem Weizenkeimöl, Leinöl oder Kürbiskernöl abwechseln. Kaufen Sie von diesem möglichst immer die kleinste Einheit, denn kaltgepresste Öle werden schnell ranzig.

Falls Sie gerne Müsli mögen (bitte ohne Zuckerzusatz!!), können Sie diesem auch noch einen Teelöffel Leinsamen, Nüsse oder Sonnenblumenkerne zugeben.

Seefisch auf den Teller!

Ein weiterer Lieferant von hochwertigen Fetten sind fette Seefische. Sie versorgen uns mit Omega-3- und Omega-6-Fettsäuren, die wir ebenfalls unbedingt benötigen. Unsere heimischen Fische liefern diese Fette *nicht*!

Fische mit einem hohen Anteil an diesen Fettsäuren sind Lachs, Makrele, Hering und Sardine. Essen Sie diese Fische aber nicht geräuchert oder als Konserve, sondern nach Möglichkeit roh (Graved Lachs, Sushi, Matjes), gedünstet oder gegrillt (frische Sardinen vom Grill sind im Sommer eine Delikatesse!!!).

Trinken Sie Wasser!

Nachdem Sie jetzt die wichtigsten Regeln für die Auswahl von Nahrungsmitteln und ihre Zusammenstellung kennen gelernt haben, kommen wir zum Trinken.

Wasser ist das natürlichste Getränk. Nein, jetzt bitte nicht aufstöhnen. Man kann sich wirklich an das Wassertrinken gewöhnen. Zwei Liter pro Tag sollten es mindestens sein, denn Wasser ist gut für Ihre Zellen, für Ihren Stoffwechsel, für Ihren gesamten Organismus. Unsere gesamten Körperfunktionen kommen mit Wassertrinken erst so richtig in Schwung.

Achtung, Kopfschmerzgeplagte!

Sollten Sie zu den Menschen gehören, die häufig unter Kopfschmerzen leiden, werden Sie wahrscheinlich feststellen, dass sich dieser Zustand, wenn Sie viel Wasser trinken, ganz erstaunlich verbessert. Sie wären nicht der Erste, bei dem Kopfschmerzen durch die 2 Liter Wasser pro Tag der Vergangenheit angehörten.

Fruchtsaft-Schorlen für den Anfang

Wenn Ihnen das Wassertrinken sehr schwer fällt, mischen Sie Ihr Mineralwasser für den Anfang 1:1 mit ungezuckertem Fruchtsaft. Am besten verwenden Sie hierzu Direktsäfte aus der Kühlung, denn diese Säfte wurden besonders schonend verarbeitet und sind somit eine vollwertige Alternative zu selbst gepresstem Saft.

Wenn Sie sich daran gewöhnt haben, senken Sie den Fruchtsaftanteil langsam ab: ein Drittel Saft, ein Viertel Saft… – vielleicht schaffen Sie es ja auf diese Weise.

Vielleicht schmeckt Ihnen einfach ein ganz bestimmtes Mineralwasser nicht, weil es zu viel oder zu wenig Kohlensäure hat, zu viel oder zu wenig Salz, zu viel oder zu wenig Magnesium…

Je nach Mineralbrunnen weichen die Anteile an Mineralien und Spurenelementen erheblich voneinander ab. Probieren Sie einfach einmal verschiedene Sorten aus. Kleiner Tipp: Mineralwasser mit dem Vermerk »für die Zubereitung von Kindernahrung geeignet« ist besonders geschmacksneutral.

Tee und Kaffee

Schwarzer Tee, Grüner Tee und Kaffee entziehen Ihrem Körper mehr Wasser, als sie mitbringen. Wenn Sie also eine unverbesserliche »Kaffee-Tante« (gibt es »Tee-Tanten«?) sind, sollten Sie den Kaffee/Tee um die gleiche Menge Wasser ergänzen. Dann ist es in Ordnung.

Früchtetees

Früchtetees sind ebenso wie Kräutermischungen und Rotbusch-Tees eine willkommene Alternative. Sollten Sie abends gerne Süßes naschen, können Sie sich das »Durchhalten« mit Früchtetees erleichtern, die mit Süßstoff gesüßt sind. Und Sie schlagen damit gleich zwei Fliegen mit einer Klappe.

Hinweise zu den Rezepten

LOW FETT 30-Kochtricks

Wir haben in diesem Buch echte Kochklassiker neu bearbeitet, damit sie LOW FETT 30 werden. Falls Sie selbst noch so ein paar »Hausmannskost«-Rezepte haben, die Ihnen ans Herz gewachsen sind, gibt es ein paar Kniffe, die Ihnen vielleicht dabei helfen, die Nährwerte in vertretbare Zonen zu drücken. Hier ein paar aus dem LOW FETT 30-Nähkästchen:

1. Fettarme rohe Schinkenwürfel (z.B. Nuggetz von Reinert), Lachsschinken (kann man selbst würfeln) oder rohes Kasseler geben Eintöpfen und anderen herzhaften Schmankerln den erforderlichen »Biss«
2. Probieren Sie mal »Rauchsalz« aus. Das ist ein Salz, das den Geschmack von Geräuchertem/Gepökeltem ins Essen zaubert, ohne eine Spur von Fett. Dafür müssen Sie dann aber das sonstige Salz einsparen.
3. Anstelle von Sahne können Sie Milch für eine Sauce oder Joghurt verwenden. Damit der Joghurt beim Erhitzen nicht ausflockt, rührt man vorher pro 100 Milliliter Joghurt 1 Teelöffel Mehl unter. Nach der Zugabe NICHT mehr kochen lassen.
4. Investieren Sie in eine erstklassige Bratpfanne – dann können Sie nahezu fettfrei braten. Falls Sie genügend Pfannen haben, nehmen Sie unsere Brat- und Backfolie, mit der Sie ebenfalls fettfrei braten können. Die Folie hält rund 1000 »Einsätze« aus und lässt sich ganz einfach in der Spülmaschine reinigen.
5. Öl nicht aus dem Handgelenk in die Pfanne schütten, sondern die »Bratgeräte« mit 1 Esslöffel Öl bepinseln – Sie sparen sich dadurch mindestens 30 Gramm Fett!
6. Backformen nicht mit Fett auspinseln, sondern mit Öl-Spray kurz einsprühen. Damit fällt Ihnen der Kuchen nach dem Backen selbst aus der kompliziertesten Backform heraus... bei minimalem Fettverbrauch.
7. Wenn Sie das Rezept für Rührkuchen in Muffins-Förmchen backen, dann nimmt man kleinere Stücke auf den Teller. Außerdem lassen sich Muffins super einfrieren (und noch tiefgekühlt ins Büro mitnehmen!).

Hilfreiche Informationen

Am Ende des Buches finden Sie die Bestelladresse für das Buch »Steig ein... LOW FETT 30«. Es handelt sich dabei um eine ca. 80 Seiten starke Broschüre, in der alle Produktgruppen mit Beispielen genannt werden. Sie enthält außerdem einen Anhang, in dem Sie eine sehr übersichtliche Nährwerttabelle mit den gängigsten Produkten finden. Ansonsten laden wir Sie auf unsere Internetseiten (www.lowfat.de) ein. Dort finden Sie ebenfalls Nährwerte, Tipps und

Tricks, hilfreiche Adressen und Links, einen Chat und vor allem ein Fragen-Forum, wo Sie alle Sorgen und Probleme rund ums Abnehmen loswerden können.

Zubereitungszeiten

Hier steht die Zeit, die Sie benötigen, um das ganze Gericht zuzubereiten. Sollten dabei längere Zeitspannen auftreten, in denen Sie nichts zu tun haben, so sind diese gesondert als Back-, Kühlzeit usw. aufgeführt.

Kalorien- und Nährwertangaben

Bei den Nährwertangaben sind auch die Kohlenhydratmengen ausgewiesen, um den Lesern, die eine Eiweiß-Formula-Diät unter ärztlicher Aufsicht machen, die Portionsberechnungen zu erleichtern.

Hinweis

Bitte beachten Sie, dass Nährwertangaben je nach Datengrundlange variieren können. Außerdem unterliegen die Inhaltsstoffe ein und desselben Lebensmittels natürlichen Schwankungen. Unsere Angaben sind deshalb als Durchschnittswerte anzusehen.

Zutaten

Wenn nicht anders angegeben, geht man bei Obst und Gemüse von ungeputzter Rohware aus. Bei Stückangaben wird auf ein Stück mittlerer Größe Bezug genommen. Mit »Balsamico-Essig« ist immer roter Essig gemeint, außer es wird ausdrücklich »weißer Balsamico-Essig« aufgeführt.

Ofentemperaturen

Alle Temperaturen für Backöfen gelten für Elektroöfen ohne Umluftfunktion. Bei Gas- und Umluftöfen bitte die Angaben des Herstellers beachten und die entsprechende Temperatur aus der Bedienungsanleitung Ihres Herdes.

Die Abkürzungen

bzw.	=	beziehungsweise
ca.	=	circa
evtl.	=	eventuell
EL	=	Esslöffel
F.	=	Fett
F.i.Tr.	=	Fett in Trockenmasse
g	=	Gramm
geh.	=	gehäuft
gestr.	=	gestrichen
kcal	=	Kilokalorien
kg	=	Kilogramm
KH	=	Kohlenhydrate
l	=	Liter
ml	=	Milliliter
Msp.	=	Messerspitze
o.Z.	=	ohne Zucker
Päck.	=	Päckchen
Pckg.	=	Packung
TK-	=	Tiefkühl-…
TL	=	Teelöffel
z.B.	=	zum Beispiel

Rezepte

Herzhafte Salate

Geflügelsalat (Foto)

300 g Hähnchenbrust
Salz, Pfeffer
1 EL Sonnenblumenöl
150 g TK-Erbsen
3 Clementinen oder 1 Dose Mandarin-Orangen
2 Möhren
200 g leicht abgetropfter Joghurt (1,5 % F.) (siehe Rezept S. 20)
2–3 EL Balsamico-Essig
1 EL gemischte TK-Gartenkräuter
1/2 TL Currypulver

Für 4 Personen ■ Zubereitungszeit: ca. 30 Min.
Pro Person: 176,3 kcal ■ 4,2 g Fett ■ 11,8 g KH ■ 21,4 % kcal aus Fett

1 Hähnchenbrust mit Salz und Pfeffer würzen. Das Fleisch von beiden Seiten in heißem Öl ca. 5 Minuten braten, abkühlen lassen und in dünne Scheiben schneiden.

2 Erbsen auftauen lassen. Die Clementinen mit einem Messer so schälen, dass die weiße Haut mit entfernt wird und die Fruchtfilets herauslösen (oder die Mandarin-Orangen aus der Dose abtropfen lassen und den Saft auffangen). Die Möhren schälen und grob raspeln, evtl. mit 1 Esslöffel Saft beträufeln. Alles mit Joghurt, Essig und Kräutern (nach Belieben) vermengen und durchziehen lassen. Mit Pfeffer und Currypulver würzen und abschmecken.

Tipp: Zu diesem Geflügelsalat passen frisch geröstete Toastecken.

Bohnensalat mit Hühnerbrust

1 TL Öl
400 g Hühnerbrustfilet
Salz, Pfeffer
1 Glas weiße Bohnen (660 ml)
50 g getrocknete Tomaten in Öl
1 Bund glatte Petersilie
2 EL weißer Balsamico-Essig
1 Pckg. italienische TK-Kräuter

Für 4 Personen ■ Zubereitungszeit: ca. 20 Min.
Pro Person: 322 kcal ■ 6 g Fett ■ 26,8 KH ■ 16,8 % kcal aus Fett

1 Die Hühnerbrustfilets salzen und pfeffern. Das Öl in einer beschichteten Pfanne heiß werden lassen und die Filets darin von beiden Seiten jeweils 6 Minuten braten. Abkühlen lassen und in Scheiben schneiden.

2 Die Bohnen abgießen, mit kaltem Wasser abspülen und abtropfen lassen. Die Tomaten aus dem Öl nehmen und in Streifen schneiden. Die Petersilie waschen, die Blättchen von den Stielen zupfen und klein schneiden. 1 Esslöffel Tomatenöl mit dem Balsamico-Essig, 2 Esslöffel Wasser und den Kräutern verrühren. Mit den Bohnen, den Tomaten und dem Fleisch vermischen und vor dem Servieren mit Salz und Pfeffer abschmecken.

Abgetropfter Joghurt

500 ml Joghurt (0 oder 1,5 % F.)

Zubereitungs- und Wartezeit: ca. 8 Std. ■ Pro Person:
bei der Verwendung von 500 ml Magermilchjoghurt (0 % F.): 195 kcal ■ 0,5 g Fett ■ 21 g KH ■ 2,3 % kcal aus Fett
bei der Verwendung von 500 ml Joghurt (1,5 % F.): 265 kcal ■ 7,5 g Fett ■ 21 g KH ■ 25,5 % kcal aus Fett

1 Einen Durchschlag mit Küchenpapier auslegen und auf eine Schüssel setzen. Den Joghurt hineingeben und bei Zimmertemperatur über Nacht stehen lassen.

2 Am nächsten Tag die Flüssigkeit aus der Schüssel wegschütten, damit ca. 250 Gramm Käse übrig bleiben. Den Käse abgedeckt in den Kühlschrank stellen und wie Frischrahmkäse weiter verwenden. Als pikanter Belag oder Dip wird er mit 1/2 Teelöffel Salz und nach Geschmack mit Pfeffer und Kräutern gewürzt. Als Brotaufstrich unter Marmelade wird er naturbelassen, also nicht gewürzt oder gesüßt.

Tipp: Das Etikett des Joghurts gut durchlesen. Es darf weder Gelatine noch Stärke enthalten sein, sonst funktioniert es nicht! Als Mayonnaise-Ersatz den abgetropften Joghurt mit 2 bis 3 Esslöffel weißem Balsamico-Essig sowie Salz und Pfeffer abschmecken.

Fruchtiger Schichtsalat

4 Eier
1 Glas Selleriesalat (370 ml)
1 Dose Ananasstücke (446 ml)
1 Dose Mais (425 ml)
2 Äpfel
2 EL Zitronensaft
2 Stangen Lauch
200 g gekochter Schinken ohne Fettrand
400 g abgetropfter Joghurt (1,5 % F.) (aus 800 g, siehe Rezept S. 20)
3–4 EL weißer Balsamico-Essig
Salz, Pfeffer

Für 6 Personen ■ Zubereitungszeit: ca. 40 Min. ■ Wartezeit: ca. 12 Std.
Pro Person: 299,5 kcal ■ 8,8 g Fett ■ 31 g KH ■ 26,5 % kcal aus Fett

1 Die Eier hart kochen (ca. 10 Minuten), abschrecken, schälen und auskühlen lassen. In Scheiben schneiden.

2 Den Selleriesalat, die Ananasstücke und den Mais gut abtropfen lassen. Den Ananassaft auffangen. Die Äpfel waschen, vierteln, entkernen und fein würfeln. Sofort mit dem Zitronensaft beträufeln. Den Lauch putzen, waschen und in sehr feine Ringe schneiden. Den Schinken würfeln.

3 Eine Glasschüssel mit den Eierscheiben auslegen, die Lauchringe darauf verteilen. Den abgetropften Joghurt mit Essig, 3 Esslöffel Ananassaft, Salz und Pfeffer verrühren, kräftig abschmecken und auf den Lauch geben. Die übrigen Zutaten lagenweise nacheinander darüber schichten und den Salat zugedeckt über Nacht ziehen lassen.

Warmer Linsensalat

Für 4 Personen ▪ Zubereitungszeit: ca. 1 Std. 15 Min.
Pro Person: 232,5 kcal ▪ 3,5 g Fett ▪ 37,5 g KH ▪ 13,5 % kcal aus Fett

1 Die Linsen waschen und in 1/2 Liter Gemüsebrühe ca. 45 Minuten kochen.

2 Kartoffeln und Möhren waschen, schälen und in Scheiben schneiden. Den Knoblauch abziehen, Ingwer schälen und beides sehr fein würfeln. Schalotten abziehen, evtl. halbieren.

3 Das Öl in einer großen beschichteten Pfanne erhitzen. Die Schalotten darin ca. 3 Minuten braten. Knoblauch und Ingwer zufügen und andünsten. Die Kartoffeln kurz mitdünsten, alles mit der restlichen Brühe ablöschen und ca. 20 Minuten zugedeckt köcheln lassen. Nach 10 Minuten die Möhren zugeben.

4 Rosmarinnadeln abzupfen. Feldsalat verlesen und waschen. Das Gemüse sowie die Linsen abtropfen lassen und vermengen. Mit Salz, Pfeffer, Rosmarin und Essig würzen und abschmecken. Eine Platte oder vier Teller mit dem Feldsalat auslegen und den Linsensalat darauf anrichten.

125 g Tellerlinsen
3/4 l Gemüsebrühe (Instant)
500 g Kartoffeln
300 g Möhren
1 Knoblauchzehe
1 walnussgroßes Stück Ingwer
75 g Schalotten
1 EL Sonnenblumenöl
1 Stängel frischer Rosmarin
50 g Feldsalat
Salz, Pfeffer
3–4 EL Weißwein-Essig

Kartoffelsalat mit Speck und Gurke (Foto)

- 1 kg Kartoffeln
- 1 Salatgurke
- 1 Zwiebel
- 1 EL Sonnenblumenöl
- 150 g Schinken-Nuggetz (mager, z. B. von Reinert)
- 2 geh. TL gekörnte Rinderbrühe
- 3 EL Essig
- Pfeffer, Salz

Für 6 Personen ▪ Zubereitungszeit: ca. 45 Min.
Pro Person: 163,8 kcal ▪ 2,7 g Fett ▪ 26 g KH ▪ 14,8 % kcal aus Fett

1 Die Kartoffeln waschen, ca. 20 Minuten mit der Schale kochen, pellen und in Scheiben schneiden. Die Salatgurke putzen, waschen, in dünne Stifte schneiden. Die Zwiebel abziehen und in feine Würfel schneiden.

2 In einer beschichteten Pfanne das Öl heiß werden lassen. Die Zwiebel- und Schinkenwürfel darin unter Rühren anbraten, bis die Zwiebeln etwas Farbe angenommen haben.

3 Etwa 1/8 Liter Wasser zugießen, zum Kochen bringen und die gekörnte Rinderbrühe darin auflösen. Den Essig zufügen und mit Pfeffer würzen. Die Gurkenstifte zufügen und unterheben. Die Zwiebelmischung heiß über die übrigen Zutaten geben und den Salat gut durchziehen lassen.

4 Vor dem Servieren mit Salz und Pfeffer abschmecken.

Tipp: Salat mit Schnittlauchröllchen, Radieschenscheiben oder Kirschtomaten garnieren.

Heringssalat mit Pellkartoffeln

- 400 g Heringsfilet
- 3 Zwiebeln
- 1 großer Apfel
- 100 g Cornichons
- 5 Scheiben Rote Bete (Glas)
- 2 Scheiben gekochter Schinken ohne Fettrand
- 250 g Magerquark
- 1 EL Mineralwasser
- 150 g Joghurt (1,5 % F.)
- 1–2 EL Balsamico-Essig
- Salz, Pfeffer, 1 Prise Zucker
- 1/2 Bund Schnittlauch
- 1 kg frisch gekochte Pellkartoffeln

Für 4 Personen ▪ Zubereitungszeit: ca. 30 Min. ▪ Zeit zum Durchziehen: 1 Std.
Pro Person: 506,8 kcal ▪ 16,8 g Fett ▪ 47,3 g KH ▪ 29,8 % kcal aus Fett

1 Die Heringsfilets in feine Streifen schneiden. Die Zwiebeln abziehen, den Apfel waschen, vierteln und das Kerngehäuse entfernen. Zwiebeln, Apfel, Cornichons, Rote Bete und Schinken würfeln und alles mit den Heringsstreifen vermengen.

2 Den Quark mit dem Mineralwasser und dem Joghurt verrühren, mit Essig, Salz, Pfeffer und Zucker abschmecken. Die Quarkmarinade über die Salatzutaten geben, alles vermischen und mindestens 1 Stunde kalt stellen.

3 Den Heringssalat mit Schnittlauchröllchen garnieren und mit den Pellkartoffeln servieren.

150 g Reis, Salz

1 Dose Thunfisch im eigenen Saft (150 g)

250 g abgetropfter Joghurt (1,5% F.) (aus 500 g Joghurt, siehe Rezept S. 20)

2–3 EL weißer Balsamico-Essig

3 Spritzer Worcestersauce

1–2 TL Currypulver, Pfeffer

1 Dose Mandarinen (314 ml)

Thunfisch-Reis-Salat

Für 4 Personen ■ Zubereitungszeit: ca. 30 Min. ■ Zeit zum Durchziehen: ca. 30 Min.
Pro Person: 246,5 kcal ■ 2,5 g Fett ■ 39 g KH ■ 9,1 % kcal aus Fett

1 Den Reis in kochendem Salzwasser in etwa 20 Minuten gar kochen. Abgießen und mit kaltem Wasser abschrecken.

2 Den Thunfisch abgießen, mit einer Gabel etwas zerpflücken und zum Reis geben. Den abgetropften Joghurt mit Essig, Worcestersauce, Currypulver sowie Salz und Pfeffer verrühren und unter den Reis mischen. Die Mandarinen abtropfen lassen und darunter geben.

3 Den Salat abgedeckt ca. 30 Minuten kühl stellen. Vor dem Servieren nochmals durchmischen und, falls erforderlich, mit Salz, Pfeffer oder Currypulver nachwürzen.

200 g gekochtes Rindfleisch ohne Fett

100 g gekochte Kartoffeln

2 Tomaten

1 Zwiebel

1 TL Kapern

2 Cornichons

1 Glas Zigeunersauce (200 ml)

1 Kästchen Gartenkresse

Scharfer Rindfleischsalat

Für 4 Personen ■ Zubereitungszeit: ca. 10 Min. ■ Zeit zum Durchziehen: ca. 1 Std.
Pro Person: 130,8 kcal ■ 1,5 g Fett ■ 16,3 g KH ■ 10,3 % kcal aus Fett

1 Das Fleisch in Scheiben schneiden. Die Kartoffeln und die Tomaten waschen bzw. putzen und ebenfalls in Scheiben schneiden. Die Zwiebel abziehen und mit Kapern und Cornichons in kleine Würfel schneiden. Alles in einer Schüssel vermengen.

2 Die Zigeunersauce unterrühren und den Salat zum Durchziehen mindestens 1 Stunde abgedeckt kalt stellen. Vor dem Servieren nochmals durchmengen und mit der Gartenkresse bestreuen.

Tipp: Bei dem gekochten Rindfleisch können Sie gut Reste verwenden.

Russischer Weißkrautsalat

Für 4 Personen ■ Zubereitungszeit: ca. 30 Min.
Pro Person: 114,5 kcal ■ 3,5 g Fett ■ 16,5 g KH ■ 27,5 % kcal aus Fett

400 g Weißkohl, 200 g Rettich
200 g Möhren
200 g frischer Sellerie
2 säuerliche Äpfel
1/2 Bund Dill, 1 Bund Petersilie
5 EL weißer Balsamico-Essig
1 EL Distelöl
1 Prise Zucker, Salz, Pfeffer
2 EL Schnittlauchröllchen

1 Weißkohl waschen, putzen und den Strunk entfernen. In Streifen schneiden oder raspeln. Rettich, Möhren und Sellerie waschen, putzen, schälen und grob raspeln. Äpfel waschen, vierteln, das Kerngehäuse entfernen, Apfelviertel quer in Spalten schneiden.

2 Dill und Petersilie waschen, trockenschütteln und fein hacken. Balsamico-Essig mit 7 Esslöffel Wasser, Distelöl, Dill, Petersilie, Zucker, Salz und Pfeffer verrühren und über die Salatzutaten geben. Mit Schnittlauchröllchen garniert servieren.

Erbsen-Nudel-Salat

Für 6 Personen ■ Zubereitungszeit: ca. 40 Min. ■ Zeit zum Durchziehen: ca. 30 Min.
Pro Person: 295,3 kcal ■ 4,5 g Fett ■ 42 g KH ■ 3,7 % kcal aus Fett

250 g Nudeln (z. B. Spiralen)
Salz, 300 g TK-Erbsen
1 roter Apfel
2 EL Zitronensaft
100 g Gewürzgurken
150 g geräucherte Putenbrust
200 g Buttermilchfrischkäse (20 % F. i. Tr.)
100 ml Sud von Gewürzgurken
150 g Joghurt (1,5 % F.)
1 EL geriebener Meerrettich (Glas)
Pfeffer, 1 Prise Zucker
1 Bund Petersilie

1 Die Nudeln in reichlich Salzwasser ca. 10 Minuten kochen. In den letzten 2 Minuten die Erbsen zugeben und mitkochen. Nudeln und Erbsen abgießen und mit kaltem Wasser abschrecken.

2 Den Apfel waschen, vierteln, das Kerngehäuse entfernen. Die Apfelviertel quer in Spalten schneiden und sofort mit dem Zitronensaft beträufeln. Die Gewürzgurken und Putenbrust in feine Streifen schneiden.

3 Frischkäse, Gurkensud, Joghurt, Meerrettich, etwas Salz, Pfeffer und Zucker glatt rühren und mit den übrigen Zutaten mischen. Bei Zimmertemperatur 30 Minuten durchziehen lassen.

4 Die Petersilienblätter abzupfen, grob hacken und unter den Salat mischen.

Suppen & Eintöpfe

Erbsensuppe (Foto)

1 Zwiebel, 1 Bund Suppengemüse
4 EL gekörnte Gemüsebrühe
250 g gelbe oder grüne Schälerbsen
200 g geräucherte Putenbrust
500 g Kartoffeln, 150 g TK-Erbsen
Salz, Pfeffer, etwas Zucker
1–2 TL getrockneter Majoran

Für 4 Personen ■ Zubereitungszeit: ca. 1 Std. 20 Min.
Pro Person: 378 kcal ■ 2,3 g Fett ■ 54 g KH ■ 5,4 % kcal aus Fett

1 Die Zwiebel abziehen, würfeln und in einem großen Topf ohne Fett mit etwas Wasser glasig dünsten. Das Suppengemüse putzen, waschen, in Stücke schneiden und hinzufügen. Mit 2 Liter Wasser auffüllen, die gekörnte Brühe und die Schälerbsen dazugeben. Aufkochen und zugedeckt ca. 50 Minuten köcheln lassen.

2 Inzwischen die Putenbrust in Würfel schneiden. Die Kartoffeln waschen, schälen, in kleine Würfel schneiden und in die Suppe geben. Weitere 20 Minuten garen, in den letzten 5 Minuten die Erbsen zugeben. Mit Salz, Pfeffer, Zucker und Majoran abschmecken. Zum Servieren die Putenbrust in der Suppe erhitzen.

Linsensuppe mit Bier und Speck

250 g Tellerlinsen
1 Flasche Altbier (0,33 l)
1 Zwiebel
100 g Frühstücksspeck
1,4 l heißes Wasser
1 Lorbeerblatt
1 Bund Suppengemüse
400 g Kartoffeln
3 Würfel Gemüsebrühe
1 Dose geschälte Tomaten (425 ml)
Salz, Pfeffer
2–3 EL Essig

Für 4 Personen ■ Zubereitungszeit: ca. 50 Min. ■ Einweichzeit: ca. 3–4 Std.
Pro Person: 389,5 kcal ■ 8,2 g Fett ■ 47 g KH ■ 18,9 % kcal aus Fett

1 Die Linsen in dem Altbier 3 bis 4 Stunden einweichen. Die Zwiebel abziehen und fein würfeln. Den Speck in Würfel schneiden und in einem Topf ohne Fett bei mittlerer Hitze anbraten. Die Zwiebel zugeben und mitbraten. Die Linsen mit dem Bier, dem heißen Wasser und dem Lorbeerblatt hinzufügen. Aufkochen und etwa 40 Minuten köcheln lassen.

2 Suppengemüse putzen, waschen und klein schneiden. Die Kartoffeln schälen, waschen und in kleine Würfel schneiden. Suppengemüse und Kartoffeln ca. 10 Minuten vor Ende der Garzeit mit den Brühwürfeln zur Linsensuppe geben.

3 Tomaten etwas abtropfen lassen, klein schneiden und nach Ende der Garzeit in der Suppe erhitzen. Lorbeerblatt entfernen. Die Suppe mit Salz, Pfeffer und Essig abschmecken und anrichten.

Spätzletopf extrascharf (Foto)

4 Zwiebeln, 4 Möhren
2 grüne Peperonischoten
4 rote Paprikaschoten
200 g Spätzle (Fertigprodukt)
Salz, 1 EL Öl
250 g Tatar
Cayenne-Pfeffer
800 ml Gemüsebrühe (Instant)
800 g passierte Tomaten (Packung)

Für 4 Personen ■ Zubereitungszeit: ca. 30 Min.
Pro Person: 382 kcal ■ 7 g Fett ■ 51,3 g KH ■ 16,5 % kcal aus Fett

1 Zwiebeln abziehen und achteln. Möhren schälen, waschen und in Scheiben schneiden. Peperoni- und Paprikaschoten putzen, die Kerne entfernen, waschen und in Stücke schneiden. Spätzle in kochendem Salzwasser nach Packungsanweisung garen.

2 Das Öl in einer beschichteten Pfanne erhitzen, Zwiebeln und Tatar zugeben. Alles knusprig braun braten und mit Salz und Cayenne-Pfeffer würzen. Das klein geschnittene Gemüse hinzufügen, die Gemüsebrühe und die passierten Tomaten angießen. Aufkochen und zugedeckt etwa 10 Minuten köcheln lassen.

3 Zum Servieren die Spätzle in den Eintopf geben und alles nochmals kräftig abschmecken.

Wirsing-Möhren-Eintopf

1 Kopf Wirsingkohl
500 g Möhren
600 g Kartoffeln
1 EL Öl
4–5 EL gekörnte Brühe
1 gehackte Knoblauchzehe
1/2 Bund gehackte Petersilie
Salz, weißer Pfeffer
100 g mittelalter Gouda (40 % F. i. Tr.)
frische Kräuter nach Belieben

Für 4 Personen ■ Zubereitungszeit: ca. 40 Min.
Pro Person: 299,5 kcal ■ 9,5 g Fett ■ 34,3 g KH ■ 28,5 % kcal aus Fett

1 Wirsing waschen, putzen, vierteln, den Strunk herausschneiden und den Kohl klein schneiden. Möhren und die Kartoffeln waschen und schälen. Möhren in Scheiben, Kartoffeln in Würfel schneiden.

2 Das Öl in einem großen Topf erhitzen, das Gemüse darin unter Wenden andünsten. Mit 1 3/4 Liter Wasser ablöschen und kurz aufkochen lassen. Die gekörnte Brühe darin auflösen und alles zugedeckt ca. 15 Minuten kochen. Mit Knoblauch und Petersilie würzen, evtl. noch mit Salz und weißem Pfeffer abschmecken.

3 Den Käse reiben und vor dem Servieren über den Eintopf streuen. Nach Belieben mit gehackten frischen Kräutern garnieren.

Schneller Hühnereintopf mit Reis

200 g Champignons
1 rote Paprikaschote
250 g Hähnchenbrustfilet
Salz, Pfeffer
1 EL Sonnenblumenöl
50 g Reis
1 l Hühnerbrühe (Instant)
150 g TK-Erbsen

Für 4 Personen ■ Zubereitungszeit: ca. 40 Min.
Pro Person: 202,8 kcal ■ 4,8 g Fett ■ 18,3 g KH ■ 21,3 % kcal aus Fett

1 Champignons putzen und in Scheiben schneiden. Paprikaschote halbieren, die Kerne entfernen, die Schote waschen und in kleine Würfel schneiden. Hähnchenbrustfilet in mundgerechte Stücke schneiden, mit Salz und Pfeffer würzen.

2 Das Öl in einem Topf heiß werden lassen und das Hähnchenbrustfilet darin von allen Seiten anbraten. Das Gemüse und den Reis zugeben und kurz mitdünsten.

3 Die Hühnerbrühe zugießen, zum Kochen bringen und bei geringer Wärmezufuhr etwa 20 Minuten kochen, gelegentlich umrühren. Kurz vor Ende der Garzeit die Erbsen zugeben und im Eintopf heiß werden lassen.

Bunter Rindfleischeintopf

250 g mageres Rindfleisch (Hüfte oder Bug)
1 Zwiebel
1 EL Sonnenblumenöl
3 Würfel Fleischbrühe
250 g Kartoffeln
250 g Möhren
250 g Kohlrabi
250 g Knollensellerie
1 kleiner Blumenkohl
250 g Broccoli

Für 4 Personen ■ Zubereitungszeit: ca. 1 Std. 20 Min.
Pro Person: 179 kcal ■ 4,5 g Fett ■ 16 g KH ■ 22 % kcal aus Fett

1 Vom Rindfleisch evtl. Fett und Sehnen entfernen und das Fleisch in Würfel schneiden. Zwiebel abziehen und fein hacken.

2 Das Öl in einem Topf heiß werden lassen, Fleisch und Zwiebel darin unter Wenden anbraten. Etwa 1 1/2 Liter Wasser zugießen und zum Kochen bringen, die Brühwürfel darin auflösen und alles bei mittlerer Hitze ca. 30 Minuten garen.

3 Kartoffeln waschen, schälen und in Würfel schneiden. Möhren waschen, schälen und in Scheiben schneiden. Kohlrabi und Sellerie waschen, schälen und in Würfel schneiden. Blumenkohl und Broccoli waschen, putzen und in Röschen teilen.

4 Das Gemüse zum Fleisch geben und den Eintopf weitere 20 Minuten fertig garen.

Bohneneintopf mit Lamm

Für 4 Personen ▪ Zubereitungszeit: ca. 50 Min.
Pro Person: 332 kcal ▪ 7,75 g Fett ▪ 32 g KH ▪ 21 % kcal aus Fett

- 2 Zwiebeln
- 3 Knoblauchzehen
- 500 g Lammgulasch
- 600 g Kartoffeln
- 400 g grüne Bohnen
- 1 EL Sonnenblumenöl
- Pfeffer
- 2 Würfel Fleischbrühe
- 1 Zweig Rosmarin
- 2 EL Schnittlauchröllchen

1 Zwiebeln und Knoblauchzehen abziehen und in kleine Würfel schneiden. Lammgulasch klein schneiden, evtl. Fett entfernen. Kartoffeln waschen, schälen und in kleine Würfel schneiden. Bohnen waschen, putzen und in Stücke brechen.

2 Das Öl in einem Topf heiß werden lassen, das Fleisch darin rundum anbraten. Knoblauch und Zwiebel hinzufügen und kurz mitdünsten. Mit Pfeffer würzen.

3 Etwa 1 1/2 Liter Wasser zugießen, zum Kochen bringen und die Brühwürfel darin auflösen. Kartoffeln und Bohnen mit dem Rosmarin in die Brühe geben. Zugedeckt ca. 30 Minuten kochen, den Rosmarinzweig herausnehmen. Den Bohneneintopf mit Schnittlauchröllchen bestreut servieren.

Tipp: Ein kräftiges Bauernbrot schmeckt zu dem Bohneneintopf mit Lamm besonders gut.

Herbstlicher Gemüseeintopf

Für 4 Personen ▪ Zubereitungszeit: ca. 40 Min.
Pro Person: 151,5 kcal ▪ 2,8 g Fett ▪ 18,8 g KH ▪ 16,6 % kcal aus Fett

- 2 Zwiebeln
- 3 Knoblauchzehen
- 4 große Möhren
- 1 große Stange Lauch
- 1/2 Kopf Weißkohl
- 200 g Zucchini
- 4 große Kartoffeln
- 1 l Gemüsebrühe (Instant)
- 1 TL getrockneter Thymian
- 4 fettarme Geflügelwürstchen (à 40 g) oder 200 g geräucherte Putenbrust
- Salz, Pfeffer

1 Zwiebeln abziehen und in kleine Würfel schneiden, Knoblauch abziehen und fein hacken. Möhren, Lauch, Weißkohl und Zucchini waschen und putzen. Lauch in Ringe, Möhren schräg in dünne Scheiben, Kohlblätter in Stücke schneiden. Zucchini längs vierteln und in ca. 2 Zentimeter große Stücke schneiden. Kartoffeln schälen, waschen und würfeln.

2 Etwas Gemüsebrühe in einem großen Topf erhitzen, Zwiebeln und Knoblauch zugeben und andünsten. Den Rest der Brühe angießen und zum Kochen bringen. Das Gemüse hinzufügen und zugedeckt etwa 15 Minuten leicht kochen lassen.

3 Die Würstchen in Scheiben oder die Putenbrust in Stücke schneiden, mit dem Thymian zugeben und im Eintopf noch etwa 5 Minuten ziehen lassen. Mit Salz und Pfeffer abschmecken.

Aus Pfanne & Schmortopf

Frühlingsfisch (Foto)

1 Zwiebel
500 g Kartoffeln
2 Stangen Lauch
1 Kohlrabi
250 g Möhren
1 TL Sonnenblumenöl
1 Würfel Gemüsebrühe
4 Scheiben Seelachsfilets (à 150 g)
1 TL Zitronensaft
4 Scheiben gekochter Schinken ohne Fettrand

Für 4 Personen ■ Zubereitungszeit: ca. 50 Min.
Pro Person: 306,3 kcal ■ 3,8 g Fett ■ 27 g KH ■ 11,2 % kcal aus Fett

1 Gemüse putzen und waschen. Zwiebel abziehen, in kleine Würfel schneiden. Kartoffeln schälen und grob würfeln. Lauch in Ringe, Kohlrabi und Möhren in kleine Stifte schneiden.

2 Das Öl in einer beschichteten Pfanne heiß werden lassen und das vorbereitete Gemüse darin andünsten. Gut 1/4 Liter Wasser zugießen, zum Kochen bringen und den Suppenwürfel darin auflösen.

3 Die Seelachsfilets mit Zitronensaft beträufeln und mit dem Schinken vorsichtig umwickeln. Den Fisch auf das Gemüse legen und alles bei geringer Hitze 30 Minuten garen. Den Fisch zusammen mit dem Gemüse servieren.

Forelle mit Trauben-Meerrettich-Sauce

4 Forellen (à 250 g, küchenfertig)
heißer Essig (zum Begießen)
Salz
1 Bund Suppengrün
2 Lorbeerblätter
5 Pfefferkörner
1 Zwiebel
250 g Weintrauben
2 Äpfel
1 TL Zitronensaft
3–4 EL Meerrettich
Zucker

Für 4 Personen ■ Zubereitungszeit: ca. 30 Min.
Pro Person: 370 kcal ■ 8,5 g Fett ■ 23 g KH ■ 20,7 % kcal aus Fett

1 Die Forellen säubern, vorsichtig waschen und mit heißem Essig übergießen. Einen großen Topf mit Salzwasser erhitzen, mit dem geputzten und grob zerkleinerten Suppengrün, den Lorbeerblättern, Pfefferkörnern und der abgezogenen Zwiebel zum Kochen bringen. Die Fische hineingeben und etwa 20 Minuten leise ziehen lassen, das Wasser darf nicht sprudeln.

2 Für die Sauce die Weintrauben waschen, in ein Sieb geben und mit einem Löffel durchstreichen. Die geschälten Äpfel raspeln und sofort mit Zitronensaft beträufeln. Traubenmus und Apfelraspel mit Meerrettich verrühren und mit Salz und Zucker abschmecken.

3 Die fertigen Forellen aus dem Sud heben und mit der Traubensauce servieren.

Tipp: Zu den Forellen mit Trauben-Meerrettich-Sauce passen am besten frisch gekochte Salzkartoffeln, genauso gut eignet sich Weißbrot.

Karpfen Polnische Art

- **1 Karpfen (ca. 2 kg, küchenfertig)**
- **Salz, Pfeffer**
- **1 kleine Stange Lauch**
- **1 kleine Möhre**
- **50 g Knollensellerie**
- **1 Zwiebel**
- **1 EL Butter**
- **1/8 l Bier**
- **1/8 l Rotwein**
- **2 EL Zitronensaft**
- **50 g Honigkuchen**
- **1 Scheibe Schwarzbrot**
- **50 g Rosinen**
- **2 EL gehackte Petersilie**
- **1 Prise Zucker**
- **1 kg frisch gekochte Pellkartoffeln**

Für 6 Personen ■ Zubereitungszeit: ca. 45 Min.

Pro Person: 592,2 kcal ■ 17,8 g Fett ■ 32 g KH ■ 27 % kcal aus Fett

1 Den Karpfen waschen und trockentupfen. Längs halbieren, in Portionsstücke schneiden und mit Salz und Pfeffer würzen.

2 Lauch putzen, waschen und in Ringe schneiden. Möhre und Sellerie putzen, waschen, schälen und in feine Streifen schneiden. Zwiebel abziehen und in Würfel schneiden.

3 Die Butter in einer beschichteten Pfanne heiß werden lassen, Zwiebelwürfel und Gemüse zugeben, glasig dünsten und die Karpfenstücke darauf verteilen. Bier und Rotwein zugießen, Zitronensaft und Pfeffer zugeben. Die Karpfenstücke ca. 25 Minuten gar dünsten, auf einem Teller anrichten und warm stellen.

4 Den Fond mit ca. 1/8 Liter Wasser aufkochen. Den Honigkuchen und das Schwarzbrot hineinreiben und 5 Minuten mitkochen. Die Rosinen und 1 Esslöffel Petersilie zugeben, mit Zucker würzen und abschmecken.

5 Alles über den angerichteten Karpfen gießen, die inzwischen gepellten Kartoffeln mit der restlichen Petersilie bestreuen und dazu servieren.

Schellfisch mit Kräutersauce

Für 4 Personen ▪ Zubereitungszeit: ca. 25 Min.
Pro Person: 238 kcal ▪ 2,7 g Fett ▪ 6,3 g KH ▪ 10,2 % kcal aus Fett

- 650 g Schellfischfilet
- 2 EL Zitronensaft
- Salz
- 1 Bund Schnittlauch
- 350 g Joghurt (1,5 % F.)
- 250 g Magerquark
- 200 g Tomaten
- 200 g Gewürzgurken
- Pfeffer
- Paprikapulver

1 Die Fischfilets mit dem Zitronensaft beträufeln und salzen. In einer Pfanne auf Dauerbratfolie bei mittlerer Hitze auf jeder Seite etwa 6 Minuten anbraten.

2 Den Schnittlauch waschen, trockenschütteln und in Röllchen schneiden. Den Joghurt, den Quark und die Schnittlauchröllchen verrühren. Die Tomaten und Gewürzgurken fein würfeln und dazugeben, mit Salz, Pfeffer und Paprikapulver abschmecken. Die Kräutersauce zum Fisch servieren.

Tipp: Zum Schellfisch mit Kräutersauce schmecken Pellkartoffeln sehr gut.

Muscheln Rheinische Art

Für 4 Personen ▪ Zubereitungszeit: ca. 30 Min.
Pro Person: 193 kcal ▪ 6 g Fett ▪ 3,5 g KH ▪ 27,9 % kcal aus Fett

- 2 kg frische Muscheln (siehe Tipp)
- 1 große Zwiebel
- 1 Stange Lauch
- 1/4 Knollensellerie
- 1 Lorbeerblatt
- 1 EL Butter
- 1/4 l Weißwein oder Wasser
- 1 TL Pfeffer, 1 Prise Salz

1 Die Muscheln gründlich unter kaltem, fließendem Wasser mit einer harten Bürste säubern, aber nicht in Leitungswasser aufbewahren. Den Muschelbart mit einem Messer ausreißen.

2 Zwiebel abziehen und grob würfeln. Lauch putzen, waschen und in Ringe schneiden, Sellerie schälen, waschen und in Würfel schneiden.

3 Die Butter in einem großen Topf zerlassen, Gemüse und Lorbeer dazugeben, Wein oder Wasser zugießen und einmal aufkochen.

4 Abkühlen lassen und die gereinigten Muscheln dazugeben. Zum Kochen bringen und, sobald die Schalen geöffnet sind, noch 3 Minuten kochen. Die fertigen Muscheln heiß servieren.

Tipp: Zu den Muscheln auf Rheinische Art passt Schwarzbrot mit fettreduziertem Frischkäse (z. B. Buko aktiv Frischkäse mit 0,8 % Fett) .
Muscheln nach dem Kauf bis zum möglichst baldigen Verzehr kühl bei ca. +2 °C bis +10 °C aufbewahren. Aber nie roh, sondern nur gekocht einfrieren. Offene Muscheln, die sich auch beim Klopfen gegen einen festen Gegenstand nicht schließen, aussortieren.

Wiener Schnitzel (Foto)

- **4 Kalbsschnitzel (à 175 g)**
- **Salz, Pfeffer**
- **1 Ei**
- **ca. 3 EL Mehl**
- **5–6 EL Paniermehl**
- **2 EL Sonnenblumenöl**
- **1 EL Butter**

Für 4 Personen ■ Zubereitungszeit: ca. 25 Min.
Pro Person: 397 kcal ■ 12 g Fett ■ 28,8 g KH ■ 27,3 % kcal aus Fett

1 Die Schnitzel abspülen und trockentupfen. Unter Klarsichtfolie etwas flach klopfen, mit Salz und Pfeffer würzen.

2 Das Ei mit 1 Esslöffel Wasser verquirlen. Die Schnitzel nacheinander zuerst in Mehl, dann in der Eimischung und zuletzt in dem Paniermehl wenden.

3 Öl und Butter in einer beschichteten Pfanne erhitzen, die Schnitzel von jeder Seite 3 bis 4 Minuten goldbraun braten. Die Pfanne öfter rütteln, damit die Panade aufgeht.

Tipp: Zu Schnitzeln gehören traditionell Zitronenscheiben, Sardellenfilets, Kapern und Petersilie.

Zigeunerschnitzel

- **4 magere Schweineschnitzel**
- **Salz**
- **Pfeffer**
- **Paprikapulver scharf**
- **1 EL Öl**
- **2 Zwiebeln**
- **2 rote Paprikaschoten**
- **1 EL Tomatenmark**
- **125 g Kaffeesahne (4 % F.)**

Für 4 Personen ■ Zubereitungszeit: ca. 30 Min.
Pro Person: 236,5 kcal ■ 6,8 g Fett ■ 6,8 g KH ■ 26 % kcal aus Fett

1 Die Schnitzel mit Salz, Pfeffer und Paprikapulver würzen. In einer beschichteten Pfanne das Öl erhitzen und das Fleisch von beiden Seiten je 1 Minute anbraten. Die Schnitzel in etwa 4 Minuten fertig braten, aus der Pfanne nehmen und zugedeckt warm stellen.

2 Die Zwiebeln abziehen, in Ringe schneiden und in dem Bratfett ca. 3 Minuten anbraten. Paprikaschoten putzen, halbieren, die Kerne entfernen, die Schoten waschen und in Streifen schneiden. Zu den Zwiebeln geben und 10 Minuten dünsten.

3 Zum Schluss Tomatenmark und Kaffeesahne einrühren und das Gemüse mit Paprikapulver, Salz und Pfeffer würzen. Das Gemüse zum Servieren auf den Schnitzeln verteilen.

Frikadellen mit Tomaten-Zucchini-Gemüse

650 g mittelgroße Kartoffeln
Salz
1 Zwiebel
350 g Tatar
75 g Magerquark
Pfeffer
Paprikapulver
1 Bund Schnittlauch
1 EL Sonnenblumenöl
500 g Zucchini
4 Tomaten
1 EL Tomatenmark
200 ml Gemüsebrühe (Instant)

Für 4 Personen ▪ Zubereitungszeit: ca. 40 Min.
Pro Person: 293 kcal ▪ 6,2 g Fett ▪ 29,3 g KH ▪ 19 % kcal aus Fett

1 Die Kartoffeln unter fließendem Wasser kräftig abbürsten. Mit Schale in kochendem Salzwasser ca. 20 Minuten garen, abgießen und abkühlen lassen.

2 Inzwischen die Zwiebel abziehen und fein würfeln. Tatar, Zwiebelwürfel und Quark verkneten. Mit Salz, Pfeffer und Paprikapulver würzen. Den Schnittlauch waschen, trockenschütteln und in Röllchen schneiden. Die Hälfte des Schnittlauchs unter die Fleischmasse mischen.

3 Vier flache Frikadellen formen und in einer beschichteten Pfanne in heißem Öl anbraten. Unter Wenden bei schwacher Hitze in ca. 15 Minuten fertig braten, aus der Pfanne nehmen und warm stellen.

4 Zucchini putzen, waschen und in Scheiben schneiden. Tomaten waschen, vierteln und in Spalten schneiden. Kartoffeln pellen und halbieren.

5 In der bereits genutzten Pfanne Kartoffeln und Zucchini kurz anbraten. Tomatenmark einrühren, mit Brühe ablöschen, würzen und die Tomatenspalten zugeben. Zugedeckt ca. 5 Minuten schmoren lassen.

6 Nochmals abschmecken und die Frikadellen mit dem restlichen Schnittlauch garniert servieren.

Tipp: Statt Tatar können Sie genauso gut Gehacktes aus Schweineschnitzelfleisch für die Frikadellen verwenden.

Kartoffel-Bohnen-Hackfleischpfanne

Für 4 Personen ■ Zubereitungszeit: ca. 40 Min.
Pro Person: 266,8 kcal ■ 8 g Fett ■ 30 g KH ■ 27 % kcal aus Fett

- 600 g Kartoffeln
- Salz
- 500 g grüne Bohnen
- 2 Zwiebeln
- 200 g mageres Rinderhackfleisch
- Pfeffer
- Paprikapulver edelsüß
- 1 EL saure Sahne (10 % F.)
- 100 ml warme Gemüsebrühe (Instant)

1 Kartoffeln schälen, waschen, in Würfel schneiden und im Salzwasser 15 Minuten kochen. Abgießen und beiseite stellen. Bohnen putzen, waschen und ca. 20 Minuten in Salzwasser kochen.

2 Zwiebeln abziehen, fein würfeln und mit dem Rinderhackfleisch in einer beschichteten Pfanne ohne Öl anbraten. Mit Salz, Pfeffer und Paprikapulver würzen und aus der Pfanne nehmen.

3 Im verbliebenen Hackfleischfett die Kartoffelwürfel anbraten. Die gekochten Bohnen und die Hackfleisch-Zwiebel-Masse zugeben. Die saure Sahne mit der Gemüsebrühe verrühren, unter das Pfannengericht mischen und nochmals erhitzen.

Hackfleischpfanne mit Paprika

Für 4 Personen ■ Zubereitungszeit: ca. 30 Min.
Pro Person: 670 kcal ■ 20 g Fett ■ 80 g KH ■ 27 % kcal aus Fett

- je 1 rote und 1 grüne Paprikaschote
- 1 Zwiebel
- 500 g mageres Rinderhackfleisch
- 2 EL Tomatenmark
- 1 Würfel Fleischbrühe
- 400 g Nudeln (z.B. Spiralen)
- Salz
- 1 kleine Salatgurke
- 2 EL saure Sahne

1 Paprikaschoten halbieren, die Kerne entfernen, Schoten waschen und in kleine Stücke schneiden. Zwiebel abziehen und in kleine Würfel schneiden.

2 In einer beschichteten Pfanne etwas Wasser heiß werden lassen und das Gemüse darin andünsten. Rinderhack zufügen und mitbraten. Tomatenmark zugeben, etwa 50 Milliliter Wasser zugießen und alles zum Kochen bringen. Den Brühwürfel darin auflösen und alles 10 Minuten kochen.

3 Die Nudeln nach Packungsanweisung in reichlich Salzwasser bissfest kochen.

4 Die Salatgurke schälen, waschen und in Würfel schneiden, kurz vor Kochzeitende zum Hackfleisch geben. Die Sahne unterrühren, aber nicht mehr kochen lassen.

5 Die Hackfleischpfanne mit den abgetropften Nudeln servieren.

Königsberger Klopse (Foto)

500 g Tatar
100 g Paniermehl
1 EL Sardellenpaste
50 g Magerquark
2 Eier
Salz, Pfeffer
2 l Fleischbrühe (Instant)
2 Zwiebeln
2 Lorbeerblätter
1–2 EL Mehl
1 EL Zitronensaft
50 ml Kaffeesahne (4 % F.)
1 Glas Kapern (20 g)

Für 4 Personen ■ Zubereitungszeit: ca. 45 Min.
Pro Person: 349 kcal ■ 9 g Fett ■ 29 g KH ■ 23 % kcal aus Fett

1 Tatar, Paniermehl, Sardellenpaste, Quark und Eier vermengen und kräftig mit Salz und Pfeffer würzen. Aus dem Teig mit nassen Händen 8 Klopse formen.

2 Inzwischen die Fleischbrühe zum Kochen bringen, die abgezogenen Zwiebeln und den Lorbeer zufügen. Klopse einlegen und etwa 20 Minuten bei geringer Hitze gar ziehen lassen. Die fertigen Klopse aus der Brühe nehmen und warm stellen.

3 Von der Fleischbrühe 1/2 Liter abnehmen und in einem kleinen Topf aufkochen. Das Mehl in einer Tasse mit etwas kaltem Wasser anrühren und unter Rühren in die kochende Fleischbrühe gießen. Etwa 2 Minuten unter Rühren kochen lassen, bis eine dicke Sauce entsteht. Wenn die Sauce zu dick ist, noch etwas Brühe angießen.

4 Mit dem Zitronensaft, der Kaffeesahne, Salz und Pfeffer würzen, die Kapern unterrühren und abschmecken. Zum Servieren die Klopse in die Sauce einlegen.

Tipp: Königsberger Klopse sind eines der bekanntesten Hausmannsgerichte. Dazu schmecken am besten Salzkartoffeln und ein frischer Salat.

Hähnchengeschnetzeltes in Senfsauce

4 Hähnchenbrustfilets (à 150 g)
2 Zucchini
1 EL Öl
1 Knoblauchzehe
2 EL grobkörniger scharfer Senf
1 EL süßer Senf
200 ml Kaffeesahne (4 % F.)
1 TL Zitronensaft
Salz, Pfeffer
Zucker
1 Bund Dill

Für 4 Personen ■ Zubereitungszeit: ca. 20 Min.
Pro Person: 279 kcal ■ 7 g Fett ■ 10 g KH ■ 23 % kcal aus Fett

1 Hähnchenfleisch in Streifen schneiden. Zucchini putzen, waschen und in Scheiben schneiden.

2 Das Öl in einer beschichteten Pfanne erhitzen. Das Fleisch zugeben und unter Wenden anbraten. Zucchini hinzufügen, den Knoblauch abziehen, dazupressen und kurz mitdünsten.

3 Senf und Kaffeesahne unterrühren, mit Zitronensaft und Gewürzen abschmecken. Dill abspülen, trockenschütteln und zum Servieren die abgezupften Spitzen über das Geschnetzelte streuen.

Tipp: Zum Hähnchengeschnetzelten passen sehr gut Reis oder Nudeln und ein grüner Salat.

Hühnerfrikassee mit Pilzen

- 1 Zwiebel
- 300 ml Hühnerbrühe (Instant)
- 1 Prise Muskat, 1 Lorbeerblatt
- 1/4 TL abgeriebene Schale einer unbehandelten Zitronen
- 600 g Champignons
- 1 TL Öl, Salz
- 1/2 Bund fein gehackte Petersilie
- 400 g Hühnerbrust (ohne Haut)
- 75 g saure Sahne (10 % F.)
- 1 EL Mehl
- 1 EL Zitronensaft
- Pfeffer

Für 4 Personen ■ Zubereitungszeit: ca. 50 Min.
Pro Person: 201,3 kcal ■ 5 g Fett ■ 7 g KH ■ 22,4 % kcal aus Fett

1 Zwiebel abziehen und fein hacken. Hühnerbrühe aufkochen, Zwiebel, Muskat, Lorbeerblatt und Zitronenschale zugeben und alles zugedeckt etwa 30 Minuten köcheln lassen. Anschließend abkühlen lassen.

2 Inzwischen die Champignons putzen und in dünne Scheiben schneiden. Das Öl in einer beschichteten Pfanne erhitzen, Pilze zufügen, leicht salzen. Die Hälfte der Petersilie zugeben und unter Rühren etwa 3 Minuten braten. Champignons in ein Sieb schütten, Pilzsaft auffangen und zur Hühnerbrühe geben.

3 Hühnerfleisch in Streifen schneiden. Die Brühe aufkochen, das Hühnerfleisch hinzufügen und darin einige Minuten köcheln lassen, bis das Fleisch gerade gar ist.

4 Die saure Sahne in einer Tasse mit dem Mehl glatt rühren, in das Hühnerfrikassee geben und unter Rühren ca. 2 Minuten leicht kochen. Die Pilze dazugeben, alles nochmals kurz erhitzen und vom Herd nehmen.

5 Das Hühnerfrikassee mit Zitronensaft, Salz und Pfeffer abschmecken und mit der restlichen Petersilie bestreut servieren.

Putengeschnetzeltes mit Gemüse

- 2 Zwiebeln
- 250 g Möhren
- 100 g Champignons
- 250 g Zucchini
- 500 g Putenschnitzel
- 1 EL Sonnenblumenöl
- 3 TL gekörnte Hühnerbrühe
- 2 EL Kaffeesahne (4 % F.)
- Salz, Pfeffer
- 1 EL gehackte Petersilie

Für 4 Personen ■ Zubereitungszeit: ca. 40 Min.
Pro Person: 201,8 kcal ■ 4,5 g Fett ■ 6,5 g KH ■ 20 % kcal aus Fett

1 Zwiebeln abziehen und in Ringe schneiden. Möhren schälen, waschen und in Stifte schneiden. Champignons putzen und in Scheiben schneiden. Zucchini putzen, waschen, der Länge nach vierteln und in Scheiben schneiden. Putenfleisch in Streifen schneiden.

2 In einer großen, beschichteten Pfanne oder im Wok das Öl heiß werden lassen. Das Fleisch darin portionsweise anbraten und wieder herausnehmen. Die Zwiebeln in das verbliebene Bratfett geben, kurz andünsten, Möhren zufügen und ca. 3 Minuten dünsten. Nacheinander Champignons und Zucchini zugeben und das Gemüse weitere 3 Minuten dünsten.

3 Etwa 150 Milliliter Wasser zugießen und die Hühnerbrühe darin auflösen, zugedeckt 10 Minuten köcheln lassen. Kaffeesahne unterrühren, das Fleisch zugeben und wieder heiß werden lassen. Das Putengeschnetzelte mit Salz und Pfeffer abschmecken und mit Petersilie bestreut servieren.

Gulasch mit buntem Gemüse

Für 4 Personen ■ Zubereitungszeit: ca. 2 Std.
Pro Person: 338 kcal ■ 8,5 g Fett ■ 18 g KH ■ 22,6 % kcal aus Fett

1 Zwiebel abziehen und grob würfeln. Das Gulaschfleisch in Würfel schneiden, evtl. vorhandenes Fett abschneiden.

2 Das Öl in einem beschichteten Bräter erhitzen. Das Fleisch darin unter Wenden portionsweise anbraten, zum Schluss die Zwiebel zugeben und mitbraten. Das gesamte Fleisch in den Bräter geben. Mit Salz, Pfeffer und Paprikapulver kräftig würzen. Das Tomatenmark zugeben, das Mehl darüber stäuben und unter Rühren kurz anschwitzen. Mit 3/4 Liter Wasser ablöschen. Lorbeer zufügen und alles zugedeckt 30 Minuten bei geringer Hitze schmoren lassen.

3 Inzwischen Möhren schälen und in Scheiben schneiden. Tomaten, Paprikaschoten und Zucchini putzen und waschen. Tomaten und Paprikaschoten in Stücke, Zucchini in Scheiben schneiden. Frischen Majoran waschen und die Blättchen abzupfen.

4 Die Möhren zum Gulasch geben und weitere 30 Minuten schmoren. Das restliche Gemüse zufügen und in 20 bis 30 Minuten fertig schmoren. 5 Minuten vor Ende der Garzeit den Majoran unterheben.

5 Das Gulasch mit Salz, Pfeffer und Paprikapulver abschmecken.

Tipp: Dazu passen Petersilienkartoffeln.

1 kleine Gemüsezwiebel

750 g mageres Gulaschfleisch (halb Rind, halb Schwein)

1 EL Sonnenblumenöl

Salz, Pfeffer

Paprikapulver edelsüß

3 EL Tomatenmark

2 geh. EL Mehl

2 Lorbeerblätter

250 g Möhren

250 g Tomaten

3 Paprikaschoten

1 große Zucchini (ca. 250 g)

3 Zweige frischer oder 1/2 TL getrockneter Majoran

Rinderwürfel in Holundersauce (Foto)

- 2 Schalotten, 100 g Möhren
- 50 g Champignons
- 50 g Schinken (ohne Fettrand)
- 1 Apfel (z. B. Boskop)
- 1 EL Zucker, 4 EL Rotweinessig
- 2 EL Sonnenblumenöl
- 600 g mageres Gulaschfleisch (vom Rind)
- 150 ml Holundersaft
- 1/8 l Madeira
- 1/8 l trockener Rotwein
- 2 Würfel Rinderbrühe
- 2 EL dunkler Saucenbinder

Für 4 Personen ■ Zubereitungszeit: ca. 20 Min. ■ Backzeit: ca. 1 Std. 10 Min.
Pro Person: 385,8 kcal ■ 12,6 g Fett ■ 13,8 g KH ■ 29,4 % kcal aus Fett

1 Schalotten abziehen, Möhren schälen, waschen und beides in Würfel schneiden. Champignons putzen und in Scheiben schneiden. Schinken in dünne Streifen schneiden. Apfel vierteln, schälen, das Kerngehäuse entfernen und das Fruchtfleisch in Würfel schneiden. Den Backofen auf 180 °C vorheizen.

2 In einem Schmortopf den Zucker bei mittlerer Hitze vorsichtig schmelzen lassen, den Essig zufügen und ca. 2 Minuten einkochen lassen. 1 Teelöffel Öl zugeben, das Gulaschfleisch darin anbraten und wieder herausnehmen.

3 In einem Topf 1 Esslöffel Öl erhitzen, Schinken, Gemüse und Apfel zufügen und unter Rühren anbraten. Mit Holundersaft, Madeira und Rotwein aufgießen. Die Brühwürfel darin auflösen, den Saucenbinder einrühren und zum Kochen bringen. Das angebratene Fleisch zugeben, den Deckel auflegen und die Rinderwürfel im vorgeheizten Backofen ca. 1 Stunde 10 Minuten garen.

Tipp: Servieren Sie zu den Rinderwürfeln Semmelknödel und Rotkohl. Den Holundersaft erhalten Sie in Drogerien und gut sortierten Feinkostgeschäften.

Bierfleisch

- 750 g mageres Schweinefleisch
- 2 Zwiebeln, 2 Knoblauchzehen
- 150 g Möhren
- 150 g Knollensellerie
- 1 Lauchstange
- 2 EL Sonnenblumenöl
- 1 TL Kümmel, Salz, Pfeffer
- 500 ml dunkles Bier
- 4 mittelgroße Kartoffeln
- 3 Zweige Thymian
- 1–2 EL Rotwein- oder Balsamico-Essig

Für 4 Personen ■ Zubereitungszeit: ca. 2 Std.
Pro Person: 373 kcal ■ 9 g Fett ■ 19 g KH ■ 22 % kcal aus Fett

1 Das Fleisch in Würfel schneiden. Zwiebeln und Knoblauch abziehen und hacken. Möhren, Sellerie und Lauch putzen und waschen. Möhren und Sellerie schälen und würfeln, Lauch in Ringe schneiden.

2 Das Öl in einem beschichteten Bräter erhitzen, das Fleisch darin rundum anbraten. Zwiebeln und Knoblauch zufügen und glasig dünsten. Das Gemüse zugeben, mit Kümmel, Salz und Pfeffer würzen. Das Bier zugießen und alles zugedeckt 1 Stunde köcheln lassen. (Wenn das Gemüse noch Biss haben soll, erst mit den Kartoffeln zufügen.)

3 Inzwischen die Kartoffeln schälen, waschen und in kleine Würfel schneiden. Mit dem Thymian zum Fleisch geben und noch etwa 30 Minuten weitergaren.

4 Zum Schluss die Thymianzweige entfernen, das Bierfleisch mit Essig, Salz und Pfeffer würzen bzw. abschmecken und servieren.

Gefüllte Rinderroulade

4 dünn geschnittene Rinderrouladen (à 125 g)
Salz, Pfeffer
4 Scheiben Schinken (ohne Fettrand)
3 Stangen Lauch
1 EL Sonnenblumenöl
500 g Kartoffeln
1 EL dunkler Saucenbinder
3 EL saure Sahne (10 % F.)
Holzspießchen

Für 4 Personen ■ Zubereitungszeit: ca. 1 Std. 5 Min.
Pro Person: 339 kcal ■ 9 g Fett ■ 23 g KH ■ 24 % kcal aus Fett

1 Die Rinderrouladen mit Salz und Pfeffer würzen und mit Schinken belegen. Lauch putzen, waschen, in kurze Abschnitte teilen und quer auf das Fleisch legen. Das Fleisch aufrollen und mit Holzspießchen feststecken.

2 Das Öl in einem Topf heiß werden lassen und die Rouladen darin von allen Seiten anbraten. Etwa 1/4 Liter Wasser zugießen und die Rouladen in ca. 50 Minuten schmoren, bis sie gar sind. Die Rouladen aus dem Topf nehmen und warm stellen.

3 Die Kartoffeln waschen, schälen und in Salzwasser 20 Minuten gar kochen.

4 Die Rouladen-Schmorflüssigkeit mit dem Saucenbinder binden und die saure Sahne unterrühren. Die Rouladen in die Sauce geben, darin kurz heiß werden lassen und mit den Salzkartoffeln servieren.

Tipp: Zu den Rouladen mit Salzkartoffeln schmeckt ein Möhrengemüse sehr gut. Sie können die Rouladen auch im Schnellkochtopf garen, statt 50 Minuten benötigen Sie dann nur 25 Minuten.

Kohlrouladen

1 Brötchen vom Vortag
1 großer Kopf Wirsingkohl
Salz, 1 Zwiebel
1 Ei, 500 g Tatar
50 g Magerquark
1 EL Tomatenmark
Pfeffer, Paprikapulver edelsüß
1 TL scharfer Senf, 3 EL Mehl
1 EL Sonnenblumenöl
1/2 l Gemüsebrühe (Instant)
100 ml Tomatenketchup
1 EL dunkler Saucenbinder

Für 4 Personen ■ Zubereitungszeit: ca. 1 Std. 20 Min.
Pro Person: 193 kcal ■ 4,5 g Fett ■ 16,5 g KH ■ 21 % kcal aus Fett

1 Das Brötchen in etwas Wasser einweichen. Den Kohl putzen, 16 große Blätter ablösen und in einem großen Topf in 2 bis 3 Liter Salzwasser ca. 3 Minuten blanchieren. Die dicken Rippen flach schneiden und jeweils 2 Blätter überlappend aufeinander legen.

2 Zwiebel abziehen, fein hacken und mit dem ausgedrückten Brötchen, Ei, Tatar, Quark und Tomatenmark verkneten. Mit Salz, Pfeffer, Paprikapulver und Senf würzen. Die Füllung zu acht Rollen formen, auf die vorbereiteten Wirsingblätter legen, die Blattseiten nach innen schlagen und aufrollen. Mit Küchengarn umwickeln oder mit Rouladennadeln zustecken. Die Kohlrouladen in Mehl wenden.

3 Das Öl in einer großen, beschichteten Pfanne erhitzen und die Kohlrouladen darin rundherum anbraten. Mit der Brühe ablöschen, das Ketchup zugeben und die Rouladen ca. 40 Minuten zugedeckt schmoren lassen.

4 Vor dem Servieren die Sauce mit dem Saucenbinder andicken, kurz aufkochen und mit Salz und Pfeffer abschmecken. Die Rouladen mit der Sauce anrichten

Rindfleisch nach Mecklenburger Art

Für 4 Personen ■ Zubereitungszeit: ca. 3 Std.
Pro Person: 447,8 kcal ■ 9,7 g Fett ■ 27,5 g KH ■ 19,5 % kcal aus Fett

- 800 g »falsches Filet« vom Rind
- 1 große + 4 kleine Zwiebeln
- 1 Lorbeerblatt
- 2 Gewürznelken
- 10 Pfefferkörner
- 5 Wacholderbeeren
- Salz
- 2 Stangen Lauch
- 1/4 Sellerieknolle
- 2 Petersilienwurzeln
- 1/2 Kopf Wirsing
- 4 Möhren
- 2 EL Halbfettmargarine
- 2 EL Mehl
- 1/4 l Milch (1,5 % F.)
- 4 EL Kaffeesahne (4 % F.)
- 5 EL Meerrettich (Glas)
- 3 EL Rosinen
- 1 Prise Zucker
- Pfeffer

1 Das Rindfleisch in einem Topf mit 2 Liter Wasser zum Kochen bringen. Den sich bildenden Schaum abschöpfen. Die große Zwiebel abziehen, mit Lorbeer und Nelken spicken, mit Pfefferkörnern, Wacholder und Salz zum Fleisch geben und bei geringer Hitze alles ca. 2 Stunden ziehen lassen.

2 Inzwischen die anderen Zwiebeln abziehen, das Gemüse schälen bzw. waschen und in Viertel schneiden. Alles zum Fleisch geben und weitere 25 Minuten garen, sodass das Gemüse noch Biss behält.

3 Für die Sauce die Margarine in einem Topf zerlassen und das Mehl darin anschwitzen. 1/4 Liter Brühe aus dem Fleisch-Gemüse-Topf mit dem Schneebesen einrühren. Milch und Kaffeesahne zufügen. Die Sauce aufkochen und Meerrettich und die Rosinen unterrühren. Mit Zucker, Salz und Pfeffer abschmecken.

4 Zum Servieren das Fleisch herausnehmen, in Scheiben schneiden und auf einer Platte zusammen mit dem Gemüse anrichten. Dic Sauce dazu reichen.

Tipp: Dazu passen Petersilienkartoffeln. Die großen äußeren Blätter des Wirsings können Sie auch für Kohlrouladen (siehe Rezept S. 48) verwenden.

Deftige Ofengerichte

Spinatauflauf mit Fisch (Foto)

600 g TK-Kabeljaufilet
700 g TK-Blattspinat
750 g Kartoffeln
Salz
1 Zwiebel
1 Knoblauchzehe
2 Scheiben Frühstücksspeck
Pfeffer
150 ml heiße Milch (1,5 % F.)
Muskat
12 Cocktailtomaten

Für 4 Personen ▪ Zubereitungszeit: ca. 25 Min. ▪ Backzeit: ca. 30 Min.
Pro Person: 316,25 kcal ▪ 3,75 g Fett ▪ 32,5 g KH ▪ 10,8 % kcal aus Fett

1 Kabeljaufilet und Blattspinat auftauen lassen. Kartoffeln waschen und mit der Schale in Salzwasser ca. 20 Minuten kochen. Zwiebel und Knoblauchzehe abziehen und in Würfel schneiden.

2 Frühstücksspeck in Würfel schneiden und in einer beschichteten Pfanne anbraten. Zwiebel und Knoblauch hinzufügen und glasig dünsten. Spinat grob hacken, in die Pfanne geben und alles mit Salz und Pfeffer würzen. Den Backofen auf 200 °C vorheizen.

3 Die fertigen Kartoffeln abgießen, noch heiß pellen, durch die Kartoffelpresse drücken und mit der Milch zu einem Püree rühren. Den Spinat mit dem Püree mischen und mit Muskat sowie Salz und Pfeffer abschmecken.

4 Den Fisch mit Salz und Pfeffer würzen und in eine Auflaufform legen. Die Spinat-Püree-Mischung darüber geben. Die Cocktailtomaten waschen und darauf setzen. Im vorgeheizten Backofen 30 Minuten backen.

Rheinischer Bohnentopf

500 g grüne Bohnen
Salz
1 Zwiebel
1 Knoblauchzehe
500 g Putenbrust
1 EL Öl, Pfeffer
500 g gekochte Pellkartoffeln
200 g Tomatenstücke (Dose)
150 g Edamer-Käse (30 % F. i. Tr.)
100 ml Milch (1,5 % F.)
etwas getrocknetes Bohnenkraut

Für 4 Personen ▪ Zubereitungszeit: ca. 30 Minuten ▪ Backzeit: ca. 15 Min.
Pro Person: 391 kcal ▪ 10,5 g Fett ▪ 27 g Kalorien ▪ 24,2 % kcal aus Fett

1 Die Bohnen putzen, waschen und in wenig kochendem Salzwasser ca. 15 Minuten garen. Zwiebel und Knoblauch abziehen und fein würfeln.

2 Die Putenbrust in kleine Würfel schneiden. Knapp 1 Esslöffel Öl in einer beschichteten Pfanne erhitzen, das Fleisch darin unter Rühren anbraten. Zwiebel und Knoblauch kurz mitdünsten, alles mit Salz und Pfeffer würzen.

3 Den Backofen auf 200 °C vorheizen. Die Bohnen abgießen, die gepellten Kartoffeln in dicke Scheiben schneiden.

4 Das Fleisch in eine große, mit dem übrigen Öl leicht eingefettete Auflaufform füllen. Kartoffeln, Bohnen und Tomaten mischen und darauf verteilen. Mit Bohnenkraut, Salz und Pfeffer würzen. Den Käse darüber reiben und die Milch darüber gießen. Im Backofen ca. 15 Minuten backen.

Nudelauflauf

150 g Möhren
1 Stange Lauch
150 g Broccoli
400 g Spiral- oder breite Bandnudeln
2 l Gemüsebrühe (Instant)
500 g abgetropfter Joghurt (1,5 % F.) (siehe Rezept S. 20)
1 geh. TL Mehl
2 Eier
Salz, Pfeffer
Muskat
1 Knoblauchzehe
etwas Fett oder Backspray (für die Form)
150 g fettarme Schinkenwürfel (z. B. Nuggetz von Reinert)
100 g geriebener Gouda (30 % F. i. Tr.)

Für 4 Personen ■ Zubereitungszeit: ca. 20 Min. ■ Backzeit: ca. 45 Min.
Pro Person: 640,8 kcal ■ 14,5 g Fett ■ 77 g KH ■ 20,4 % kcal aus Fett

1 Möhren waschen, schälen und in Scheiben schneiden. Lauch waschen, putzen und in Ringe schneiden, Broccoli in kleine Röschen teilen.

2 Nudeln in der kochenden Gemüsebrühe in ca. 10 Minuten bissfest garen. Das Gemüse nach 5 Minuten zu den Nudeln geben und mitgaren. Zusammen abgießen und dabei 1/4 Liter Gemüsebrühe auffangen. Die Nudeln und das Gemüse mit kaltem Wasser abschrecken. Den Backofen auf 180 °C vorheizen.

3 Joghurt mit Mehl und Eiern verrühren, die aufgefangene Gemüsebrühe unterrühren und alles mit Salz, Pfeffer und Muskat kräftig abschmecken.

4 Eine Auflaufform mit einer halben Knoblauchzehe ausreiben, evtl. leicht einfetten und gut die Hälfte der Nudel-Gemüse-Mischung einfüllen. Die Schinkenwürfel darüber verteilen, die Hälfte des Käses darüber streuen. Mit der anderen Hälfte der Nudel-Gemüse-Mischung abdecken und den restlichen Käse wiederum darüber streuen. Den Auflauf mit der Joghurt-Eier-Mischung gleichmäßig bedecken und im vorgeheizten Backofen zuerst 30 Minuten abgedeckt, dann 15 Minuten offen backen.

Nudelkuchen mit Tomatensauce

Für 4 Personen ■ Zubereitungszeit: ca. 20 Min. ■ Backzeit: ca. 40 Min.
Pro Person: 760 kcal ■ 18 g Fett ■ 99 g KH ■ 21,3 % kcal aus Fett

1 Die Nudeln in reichlich Salzwasser nach Packungsanweisung bissfest garen und abgießen.

2 Broccoli waschen, putzen und in Röschen teilen. In wenig Salzwasser zugedeckt ca. 5 Minuten garen. Schinken würfeln. Eier mit der Milch verrühren und mit Salz, Pfeffer und Muskat kräftig würzen. Den Backofen auf 200 °C vorheizen.

3 Nudeln, Broccoli und Schinken in eine leicht gefettete Auflaufform füllen. Die Eiermilch darüber gießen. Das Toastbrot in kleine Würfel schneiden und darüber streuen. Die Margarine in Flöckchen darüber verteilen und den Auflauf im vorgeheizten Backofen ca. 40 Minuten goldbraun backen.

4 Zwiebeln und Knoblauch abziehen, fein würfeln und in wenig Wasser glasig dünsten. Tomatenmark einrühren, 375 Milliliter Wasser angießen und aufkochen. Gemüsebrühe und Tomaten zugeben, ca. 5 Minuten köcheln lassen und ab und zu umrühren. Die Sauce mit Salz, Pfeffer und Zucker abschmecken und zum Nudelkuchen servieren.

400 g Nudeln (z. B. Penne)
Salz, 400 g Broccoli
200 g gekochter Schinken ohne Fettrand
5 Eier, 700 ml Milch (1,5 % F.)
Pfeffer, Muskat
Fett oder Backspray (für die Form)
1 Scheibe Toastbrot
30 g Halbfettmargarine
2 kleine Zwiebeln
1–2 Knoblauchzehen
2 EL Tomatenmark
1 TL gekörnte Gemüsebrühe
500 g Tomatenstücke (Dose)
1 Prise Zucker

Würziger Sauerkrautauflauf

Für 4 Personen ■ Zubereitungszeit: 20 Min. ■ Backzeit: ca. 1 Std.
Pro Person: 335 kcal ■ 10 g Fett ■ 35 g KH ■ 27 % kcal aus Fett

1 In einer beschichteten Pfanne das Rinderhackfleisch ohne Fett anbraten und herausnehmen.

2 Zwiebel abziehen und in Würfel schneiden. Lauch waschen, putzen und in Ringe schneiden, mit der Zwiebel in der Pfanne im verbliebenen Fett andünsten. Sauerkraut abtropfen lassen, etwas klein schneiden, mit Zucker bestreuen und in der Pfanne mit Zwiebeln und Lauch mischen.

3 Kartoffeln waschen, schälen und in sehr dünne Scheiben schneiden. Die Hälfte vom Sauerkraut in eine Auflaufform geben, darauf die Kartoffelscheiben schichten. Das Hackfleisch darüber verteilen und mit dem restlichen Sauerkraut belegen.

4 Den Backofen auf 200 °C vorheizen. In einem Topf 1/4 Liter Wasser zum Kochen bringen und den Brühwürfel darin auflösen. Milch und Tomatenmark unterrühren und die Mischung über den Auflauf gießen. Den Auflauf im vorgeheizten Backofen ca. 1 Stunde garen und mit Petersilie garniert servieren.

250 g Rinderhackfleisch
1 Zwiebel
1 Stange Lauch
500 g Sauerkraut
1 Prise Zucker
800 g Kartoffeln
1 Würfel Fleischbrühe
200 ml Milch (1,5 % F.)
2 EL Tomatenmark
2 EL gehackte Petersilie

Knusprige Fischfilets (Foto)

1 Eiweiß
150 g Joghurt (1,5 % F.)
Salz, Pfeffer
4 Kabeljaufilets (à 120 g)
150 g Paniermehl

Für 4 Personen ▪ Zubereitungszeit: 5 Min. ▪ Backzeit: ca. 12 Min.
Pro Person: 232,75 kcal ▪ 0,75 g Fett ▪ 28,5 g KH ▪ 2,9 % kcal aus Fett

1 Den Backofen auf 230 °C vorheizen.

2 Das Eiweiß verquirlen, den Joghurt unterrühren und mit Salz und Pfeffer würzen. Die Fischfilets waschen, trockentupfen und nacheinander durch die Joghurtmischung ziehen. Anschließend im Paniermehl wenden.

3 Ein Backblech mit Backfolie auslegen und die Filets darauf legen. Die Filets ca. 12 Minuten auf der oberen Schiene im vorgeheizten Backofen backen, bis sie knusprig braun sind.

4 Die Fischfilets mit Zitronenschnitzen und Salat servieren.

Wacholderforelle auf Wurzelgemüse

4 große Forellen (küchenfertig)
Salz, Pfeffer
1 unbehandelte Zitrone
1–2 EL Wacholderbeeren
4 Lorbeerblätter
2 Zwiebeln
2 Stangen Lauch
1/4 Knollensellerie
2 Petersilienwurzeln
4 Möhren
1 EL Öl
200 ml Fischfond (Glas)
kleine Holzspieße

Für 4 Personen ▪ Zubereitungszeit: ca. 30 Min. ▪ Backzeit: 20 Min.
Pro Person: 295 kcal ▪ 8,7 g Fett ▪ 10,5 g KH ▪ 26,5 % kcal aus Fett

1 Die Forellen säubern, abspülen und trockentupfen, salzen und pfeffern. Die Zitrone in 4 Scheiben schneiden und halbieren. Jeweils 2 halbe Zitronenscheiben, einige Wacholderbeeren und 1 Lorbeerblatt in die Fische legen. Die Bauchlappen mit Holzspießchen zusammenhalten. Den Backofen auf 200 °C vorheizen.

2 Zwiebeln abziehen, Lauch waschen und putzen. Sellerie, Petersilienwurzeln und Möhren waschen, putzen und schälen. Alles grob würfeln.

3 Das Öl in einer beschichteten Pfanne erhitzen und das Gemüse mit der Zwiebel darin kurz andünsten. Mit Salz und Pfeffer würzen.

4 Die Gemüsemischung in eine große Auflaufform oder die Fettpfanne des Backofens geben, die Forellen nebeneinander darauf legen und den Fischfond angießen. Die Forellen im vorgeheizten Backofen etwa 20 Minuten garen, bis das Fischfleisch fest ist. Bei Bedarf etwas heißes Wasser zugießen.

Tipp: Zu den Wacholderforellen passen sehr gut Petersilienkartoffeln und ein grüner Salat.

Fischfilet auf Paprika-Tomaten-Gemüse

Für 4 Personen ▪ Zubereitungszeit: ca. 15 Min. ▪ Backzeit: ca. 20–25 Min.
Pro Person: 164,8 kcal ▪ 2 g Fett ▪ 7,3 g KH ▪ 10,9 % kcal aus Fett

2 Zwiebeln
2 grüne Paprikaschoten
1 TL Olivenöl
1 Knoblauchzehe
500 g Tomatenstücke (Dose)
1 geh. TL gekörnte Gemüsebrühe
je 1/2 TL getrockneter Thymian und Rosmarin
600 g Kabeljaufilet

1 Zwiebeln abziehen und in Ringe schneiden. Paprikaschoten putzen, waschen und in Streifen schneiden. Den Backofen auf 200 °C vorheizen.

2 Das Olivenöl in einer beschichteten Pfanne heiß werden lassen und die Zwiebeln darin andünsten. Knoblauchzehe abziehen und dazupressen. Paprikastreifen zugeben und 2 Minuten mitdünsten. Tomaten, Gemüsebrühe und Kräuter unterrühren.

3 Das Fischfilet kalt abspülen, trockentupfen und in eine Auflaufform legen. Die Paprika-Tomaten-Sauce darauf verteilen und den Auflauf im vorgeheizten Backofen etwa 20 bis 25 Minuten garen.

Tipp: Das Fischfilet auf Paprika-Tomaten-Gemüse gelingt auch mit Seelachs oder anderem mageren Fisch sehr gut.

Gebackener Blumenkohl mit Kabeljau

Für 4 Personen ▪ Zubereitungszeit: ca. 20 Min. ▪ Backzeit: ca. 30–40 Min.
Pro Person: 312 kcal ▪ 9,5 g Fett ▪ 17,5 g KH ▪ 27,4 % kcal aus Fett

600 g Kabeljaufilet
1 unbehandelte Zitrone
1 EL Currypulver
Salz, Pfeffer
3 TL Olivenöl
1 Blumenkohl (ca. 800 g)
1 gehackte Knoblauchzehe
Chilipulver
200 ml Kaffeesahne (4 % F.)
1 EL Mehl
2 Eier

1 Das Fischfilet waschen, trockentupfen und in Stücke schneiden. Zitrone halbieren und eine Hälfte auspressen. Zitronensaft, Currypulver, Salz und Pfeffer mit 1 Teelöffel Öl verrühren. Den Fisch mit der Marinade bestreichen und einziehen lassen.

2 Blumenkohl waschen, putzen und in Röschen teilen. Ca. 3 Minuten in Salzwasser kochen und kalt abschrecken. Den Backofen auf 200 °C vorheizen.

3 Eine Auflaufform mit dem restlichen Öl einfetten, die Blumenkohlröschen und die Fischstücke einschichten. Den Knoblauch, etwas Chilipulver, Kaffeesahne, Mehl und Eier verrühren, mit Salz und Pfeffer würzen und über den Auflauf gießen.

4 Die zweite Zitronenhälfte in dünne Scheiben schneiden und darauf verteilen. Den Auflauf im vorgeheizten Backofen 30 bis 40 Minuten backen.

Tipp: Zum Blumenkohl mit Kabeljau schmecken Petersilienkartoffeln sehr gut. Sie können den Auflauf auch mit Broccoli statt mit Blumenkohl zubereiten.

Kartoffel-Hackbraten mit Nudeln

Für 4 Personen ▪ Zubereitungszeit: ca. 1 Std.
Pro Person: 605 kcal ▪ 16,2 g Fett ▪ 67,8 g KH ▪ 24 % kcal aus Fett

1 Kartoffeln waschen, schälen und in Salzwasser gar kochen. Abgießen und noch heiß durch die Kartoffelpresse drücken. Den Backofen auf 180 °C vorheizen.

2 Zwiebel und Knoblauch abziehen und fein würfeln. Möhren waschen, putzen, schälen und fein reiben. Hackfleisch in eine Schüssel geben, mit Zwiebel, Knoblauch, Möhren, Paniermehl, Quark, Ei, Senf und der Kartoffelmasse vermengen. Mit Paprikapulver, Salz und Pfeffer pikant würzen.

3 Aus der Fleischmasse einen Laib formen, auf ein mit saugfähigem Backpapier ausgelegtes Backblech legen und im vorgeheizten Backofen etwa 30 Minuten backen.

4 Inzwischen die Nudeln nach Packungsanleitung in reichlich Salzwasser bissfest kochen und die Bratensauce nach Packungsanleitung zubereiten. Nudeln abgießen und abtropfen lassen, mit Sauce und Kartoffel-Hackbraten servieren.

250 g Kartoffeln
Salz
1 Zwiebel
1 Knoblauchzehe
2 Möhren
500 g mageres Hackfleisch (Rind und Schwein gemischt)
50 g Paniermehl
50 g Magerquark
1 Ei
1 EL scharfer Senf
1 TL Paprikapulver edelsüß
Pfeffer
250 g Nudeln (z. B. Spiralen)
1 Päckchen Bratensauce

Putenbraten mit Gemüsesemmelknödel (Foto)

800 g Putenbrust ohne Haut
Salz, Pfeffer
4 Zwiebeln
1 EL Sonnenblumenöl
2 EL Tomatenmark
400 ml Fleischbrühe (Instant)
evtl. etwas dunkler Saucenbinder
6 Brötchen vom Vortag
200 ml heiße Milch (1,5 % F.)
2 Knoblauchzehen
1 rote Paprikaschote
1 Lauchstange
5 EL Mineralwasser
2 Eier
evtl. etwas dunklen Saucenbinder

Für 4 Personen ■ Zubereitungszeit: ca. 1 Std. 30 Min.
Pro Person: 520 kcal ■ 10,2 g Fett ■ 45,5 g KH ■ 17,6 % kcal aus Fett

1 Das Fleisch mit Salz und Pfeffer einreiben. 3 von den 4 Zwiebeln abziehen und würfeln. Den Backofen auf 200 °C vorheizen.

2 Das Öl in einem Bräter heiß werden lassen und das Fleisch darin von allen Seiten anbraten. Zwiebelwürfel, Tomatenmark und Brühe hinzufügen. Den Braten im vorgeheizten Ofen ca. 1 Stunde schmoren lassen. Den fertigen Braten in Alufolie wickeln und ruhen lassen.

3 Den Bratenfond durch ein Sieb in einen Topf passieren, nochmals erhitzen und die Sauce abschmecken. Bei Bedarf mit etwas Saucenbinder andicken.

4 Für die Gemüsesemmelknödel die Brötchen klein würfeln, mit der Milch übergießen und quellen lassen. Bei Bedarf noch etwas Milch zufügen.

5 Die übrige Zwiebel und den Knoblauch abziehen und fein würfeln. Paprika putzen, waschen, entkernen und in 1/2 Zentimeter große Würfel schneiden. Lauch waschen, putzen und fein würfeln.

6 Gemüse in einer beschichteten Pfanne im Mineralwasser andünsten, salzen und pfeffern. Mit Brötchen und Eiern vermengen und aus der Masse 8 Knödel formen. In siedendem Salzwasser 10 bis 12 Minuten bei geringer Hitze ziehen lassen.

7 Den Putenbraten aufschneiden und mit den Gemüsesemmelknödeln und der Sauce servieren.

Kasseler-Rollbraten mit Gemüsefüllung

1 kg magerer Kasseler-Rollbraten
Pfeffer
2 EL scharfer Senf
1 rote Paprikaschote
1 kleiner Chinakohl
1 TL Sonnenblumenöl
2 Würfel Fleischbrühe
2 EL dunkler Saucenbinder
750 g Kartoffeln
Salz
50 ml Kaffeesahne (4 % F.)

Für 4 Personen ▪ Zubereitungszeit: ca. 1 Std. 30 Min.
Pro Person: 539,5 kcal ▪ 17 g Fett ▪ 34,25 g KH ▪ 28,3 % kcal aus Fett

1 Rollbraten aufklappen, pfeffern und mit Senf bestreichen. Paprikaschote putzen, waschen, die Kerne und Trennwände entfernen und die Schote in Würfel schneiden. Chinakohl putzen, waschen und in Streifen schneiden. Paprika und Chinakohl mischen und so viel auf dem Braten verteilen, dass er sich gut aufrollen lässt. Mit Küchengarn festbinden.

2 Das Öl in einem Bräter erhitzen und den Rollbraten darin von allen Seiten gut anbraten. 1/2 Liter Wasser zugießen, aufkochen, Brühe zugeben und bei geringer Hitze zugedeckt ca. 1 Stunde schmoren, einmal wenden.

3 Etwa 5 Minuten vor Ende der Garzeit den Saucenbinder einrühren und aufkochen lassen. Das restliche Gemüse zugeben und mitgaren. Den Rollbraten herausnehmen, 10 Minuten ruhen lassen und in Scheiben schneiden.

4 Inzwischen Kartoffeln schälen, waschen und in Salzwasser kochen. Die Sauce mit Kaffeesahne verrühren, abschmecken und mit den Kartoffeln zum Braten servieren.

Tipp: In manchen Gegenden Deutschlands versteht man unter Kasseler geräuchertes, gekochtes Fleisch. In diesem Rezept ist mit Kasseler rohes, geräuchertes Fleisch gemeint.

Schweinerollbraten mit Spinatfüllung

Für 4 Personen ■ Zubereitungszeit: ca. 2 Std.
Pro Portion: 340 kcal ■ 10 g Fett ■ 6 g KH ■ 26 % kcal aus Fett

1 kg magerer Schweinelachsbraten
Salz, Pfeffer
Paprikapulver
750 g Blattspinat
2 Knoblauchzehen
2 Zwiebeln
etwas Muskat
1 EL Sonnenblumenöl
2 Würfel Fleischbrühe
2 EL dunkler Saucenbinder
2 EL Crème fraîche

1 Mit einem Messer längs eine Tasche in den Schweinelachsbraten einschneiden. Den Schweinelachsbraten aufklappen, mit Salz und Pfeffer würzen.

2 Den Spinat putzen, waschen und kurz blanchieren. Knoblauch und Zwiebeln abziehen und fein hacken, unter den Spinat mischen. Mit Salz, Pfeffer und Muskat würzen, auf dem Braten verteilen und aufrollen. Mit Küchengarn umwickeln oder mit Rouladennadeln feststecken.

3 Das Öl in einem Bräter erhitzen und den Rollbraten von allen Seiten gut anbraten. 1/2 Liter Wasser zugießen, zum Kochen bringen, die Brühwürfel darin auflösen und bei geringer Hitze zugedeckt ca. 1 1/2 Stunden schmoren, einmal wenden.

4 Etwa 5 Minuten vor Ende der Garzeit den Saucenbinder einrühren und aufkochen.

5 Den Rollbraten herausnehmen und 10 Minuten ruhen lassen. Das Garn oder die Rouladennadeln entfernen und das Fleisch in Scheiben schneiden. Die Sauce mit Crème fraîche verrühren und zum Rollbraten servieren.

Tipp: Zum Schweinerollbraten passen sehr gut frische Salzkartoffeln.

Rollbraten mit pikanter Füllung

Für 4 Personen ■ Zubereitungszeit: ca. 1 Std. 40 Min.
Pro Person: 459 kcal ■ 15 g Fett ■ 45 g KH ■ 29 % kcal aus Fett

75 g Salami, 2 Zwiebeln
1 EL gehackte Petersilie
50 g geriebener Edamer-Käse (30 % F. i. Tr.)
1 lange, dicke Scheibe Rouladenfleisch (ca. 400 g)
2 Scheiben Schinken ohne Fettrand
1 EL Öl, 1 Würfel Fleischbrühe
1 Päck. Bratensauce
8 Kartoffelknödel Halb & Halb (Packung oder nach Rezept S. 69)

1 Salami klein schneiden, Zwiebeln abziehen und in Ringe schneiden. Beides mit Petersilie und Käse mischen und gleichmäßig auf dem Fleisch verteilen. Mit Schinken belegen, zu einem Rollbraten aufrollen, mit Küchengarn umwickeln oder mit Rouladennadeln feststecken.

2 Das Öl in einer beschichteten Pfanne erhitzen. Den Braten darin von allen Seiten anbraten, mit 3/8 Liter Wasser ablöschen und den Brühwürfel darin auflösen. Aufkochen und bei geringer Hitze zugedeckt ca. 1 1/2 Stunden schmoren lassen, einmal wenden.

3 Inzwischen die Knödel nach Packungsanweisung zubereiten.

4 Das Fleisch aus dem Bratenfond nehmen, 10 Minuten ruhen lassen und den Faden oder die Nadeln entfernen. Den ausgetretenen Bratensaft in den Fond einrühren. Den Rollbraten in Scheiben schneiden und mit der Sauce anrichten.

Schweinefilet gefüllt und gratiniert (Foto)

Für 4 Personen ■ Zubereitungszeit: ca. 20 Min. ■ Backzeit: ca. 20–25 Min.
Pro Person: 216,8 kcal ■ 5,3 g Fett ■ 11,8 g KH ■ 22 % kcal aus Fett

200 g TK-Blattspinat
Salz, Pfeffer
1 Knoblauchzehe
400 g Schweinefilet
1 EL Speisestärke
1/4 l Milch (1,5 % F.)
150 ml Kaffeesahne (4 % F.)
50 g Tomatenmark
20 ml Cognac
4 Käse-Scheibletten (20 % F. i. Tr.)

1 Spinat in einem Topf bei mittlerer Hitze unter leichtem Rühren auftauen lassen. Mit Salz, Pfeffer und durchgepresstem Knoblauch kräftig abschmecken. Den Backofen auf 200 °C vorheizen.

2 Das Schweinefilet in vier Stücke teilen und in jedes Stück eine Tasche schneiden. Von innen und außen salzen und pfeffern. Den Spinat so in die Taschen füllen, dass das Fleisch oben aufklafft und die Füllung gut sichtbar ist.

3 Speisestärke mit Milch, Kaffee, Tomatenmark, Cognac, etwas Salz und Pfeffer verrühren und in eine Auflaufform gießen. Die gefüllten Schweinefiletstücke nebeneinander in die Form setzen, jeweils mit einer halben Käse-Scheiblette belegen. Im vorgeheizten Backofen 20 bis 25 Minuten überbacken.

Kasseler in Apfelcidre mit Bratkartoffeln

Für 4 Personen ■ Zubereitungszeit: ca. 1 Std.
Pro Person: 449 kcal ■ 9,5 g Fett ■ 41 g KH ■ 19 % kcal aus Fett

2 EL Sonnenblumenöl
750 g mageres Kasseler
Pfeffer
1 Gemüsezwiebel
2 Lorbeerblätter
2 Gewürznelken
1/4 l Apfelcidre
750 g Kartoffeln
Salz, 2 rote Äpfel
2 EL Zitronensaft
1 EL Honig
1/2 Bund Majoran

1 Den Backofen auf 200 °C vorheizen. 1 Esslöffel Öl in einem Bräter heiß werden lassen. Das rohe Kasseler pfeffern, von allen Seiten goldbraun anbraten und herausnehmen.

2 Zwiebel abziehen, in dünne Streifen schneiden und mit Lorbeer und Nelken im Bratfett glasig dünsten. Kasseler auf Zwiebeln legen, mit dem Cidre ablöschen und zugedeckt im vorgeheizten Backofen ca. 50 Minuten garen.

3 Kartoffeln waschen und mit der Schale 20 Minuten in Salzwasser kochen. Abschrecken, pellen und längs vierteln. Äpfel waschen, achteln, Kerngehäuse entfernen und die Apfelstücke mit Zitronensaft beträufeln. Kartoffeln im restlichen Öl goldbraun rösten, mit Salz und Pfeffer würzen und ca. 3 Minuten weiterbraten.

4 Bräter aus dem Ofen nehmen, Kasseler in Scheiben schneiden und warm stellen. Zwiebelsud aufkochen, Äpfel und Honig zugeben und zugedeckt bei schwacher Hitze 2 Minuten garen.

5 Majoranblättchen abzupfen und waschen. Das Kasseler mit dem Zwiebel-Apfel-Gemüse anrichten, mit Majoran bestreuen und mit den Kartoffeln servieren.

Sauerbraten

- 1 Möhre
- 1/4 Knollensellerie
- 1 Petersilienwurzel
- 2 Zwiebeln
- je 1/4 l Weißwein und Weinessig
- 2 Gewürznelken
- 5 Pfefferkörner
- 1 Lorbeerblatt
- 800 g Rindfleisch (aus der Keule)
- Salz
- 2 EL Mehl
- 1 EL Sonnenblumenöl
- 1/2 l heiße Fleischbrühe (Instant)
- Pfeffer

Für 4 Personen ▪ Zubereitungszeit: ca. 30 Min. ▪ Marinierzeit: ca. 2–3 Tage ▪ Garzeit:: ca. 1 Std. 30 Min.
Pro Person: 306 kcal ▪ 7,7 g Fett ▪ 9,2 g KH ▪ 22,6 % kcal aus Fett

1 Möhre, Sellerie und Petersilienwurzel waschen, putzen und schälen. Möhre und Petersilienwurzel in Scheiben, den Sellerie in kleine Würfel schneiden. Zwiebeln abziehen und achteln.

2 Weißwein, Weinessig und 1/4 Liter Wasser in einen großen Topf geben, Gemüsestückchen, Nelken, die Pfefferkörner und Lorbeer zufügen. Alles einmal aufkochen, dann abkühlen lassen. Das Fleisch waschen, trockentupfen und in eine Schüssel legen. Mit der Weinmarinade übergießen und 2 bis 3 Tage kühl stellen, dabei täglich wenden.

3 Das Rindfleisch aus der Beize nehmen, trockentupfen und salzen. Das Gemüse abtropfen lassen und dabei die Marinade auffangen. Den Backofen auf 180 °C vorheizen.

4 Das Fleisch mit dem Mehl bestäuben, im heißen Fett in einer beschichteten Pfanne oder einem Bräter von allen Seiten braun anbraten. Das Gemüse zugeben, kurz mitbraten und mit der heißen Brühe ablöschen. Den Sauerbraten abgedeckt im vorgeheizten Backofen etwa 1 Stunde 30 Minuten schmoren lassen. Bei Bedarf ab und zu etwas Marinade oder Wasser hinzufügen.

5 Den Braten herausnehmen und warm halten. Den Bratenfond durch ein feines Sieb streichen, mit Salz und Pfeffer abschmecken. Das Fleisch in Scheiben schneiden und mit der Sauce servieren.

Tipp: Für Rheinischen Sauerbraten die Sauce mit Rosinen und zerbröseltem Lebkuchen verfeinern.

Rindfleisch in Biersauce

Für 4 Personen ■ Zubereitungszeit: ca. 3 Std.
Pro Person: 522,3 kcal ■ 15,8 g Fett ■ 37,8 KH ■ 27,2 % kcal aus Fett

1 Das Fleisch abspülen, trockentupfen, salzen und pfeffern. Zwiebeln und Knoblauch abziehen und in Würfel schneiden. Möhre schälen und in Scheiben schneiden. Backofen auf 150 °C vorheizen.

2 Das Öl in einem Schmortopf erhitzen, das Fleisch von allen Seiten anbraten und herausnehmen. Im gleichen Fett Zwiebeln, Knoblauch und Möhren andünsten. Mit Bier aufgießen, Tomatenmark einrühren und das Fleisch mit seinem Saft wieder in den Schmortopf geben. Zucker, Lorbeer, Essig, Salz und reichlich Pfeffer zufügen. Alles zum Kochen bringen, dann zugedeckt im Backofen gut 2 Stunden schmoren lassen.

3 Inzwischen die Kartoffeln gründlich waschen und halbieren. Mit grobem Salz und Pfeffer, Thymian und Oregano würzen, auf ein Backblech legen, mit Alufolie abdecken und in den letzten 60 Minuten mit in den Ofen schieben.

4 Den Braten aus dem Topf nehmen, kurz ruhen lassen. Den Bratenfond durch ein Sieb streichen, eventuell mit Saucenbinder etwas andicken und mit Salz und Pfeffer abschmecken. Den Braten aufschneiden und mit der Sauce und den Kartoffeln servieren.

800 g Rindfleisch (aus der Keule)
Salz, Pfeffer
2 Zwiebeln, 1 Knoblauchzehe
1 Möhre
1 TL Olivenöl
1/2 l helles Bier
1–2 EL Tomatenmark
1/2 TL Zucker
2 Lorbeerblätter
1 EL Weinessig
800 g kleine neue Kartoffeln
grobes Salz
Thymian, Oregano
Saucenbinder bei Bedarf

Gänsekeulen mit Kartoffelklößen

Für 4 Personen ■ Zubereitungszeit: ca. 20 Min. ■ Garzeit: ca. 1 Std. 40 Min.
Pro Person: 707,5 kcal ■ 23,5 g Fett ■ 74,8 g KH ■ 29,9 % kcal aus Fett

1 Den Backofen auf 180 °C vorheizen. Die Gänsekeulen waschen, vom überflüssigen Fett befreien und so viel Haut wie möglich wegschneiden. Mit Salz, Pfeffer und Kräutern einreiben. Zwiebeln und Knoblauch abziehen und in Spalten schneiden. Möhren und Lauch putzen und waschen bzw. schälen, beides in Stücke schneiden.

2 Die Gänsekeulen mit Gemüse und Lorbeer in einen Bräter legen, 1/4 Liter heißes Wasser zufügen. Mit Alufolie abdecken und ca. 1 Stunde 30 Minuten im Backofen garen.

3 Die Gänsekeulen herausnehmen und auf dem mit Backpapier ausgelegten Rost nochmals 10 bis 15 Minuten in den 220 °C heißen Ofen stellen, damit sie schön knusprig werden.

4 Die Sauce entfetten, Lorbeer entfernen und Gemüse pürieren. Bei Bedarf noch etwas Wasser zugießen, mit etwas Gänsefond oder Saucenbinder binden und abschmecken.

5 Inzwischen die Klöße in reichlich Salzwasser nach Packungsanleitung kochen, mit Gänsekeulen und Sauce servieren.

4 Gänsekeulen
Salz, Pfeffer
etwas Kräuter der Provence
2 Zwiebeln
2 Knoblauchzehen
200 g Möhren
200 g Lauch
1 Lorbeerblatt
1/4 l heißes Wasser
Gänsefond oder Saucenbinder nach Bedarf
8 Kartoffelklöße (Packung)

Beilagen & Mehlspeisen

Spitzkohlpfanne (Foto)

- 800 g Kartoffeln
- 400 g Möhren
- 1 Kopf Spitzkohl (ca. 600 g)
- 75 g Frühstücksspeck
- Salz, Pfeffer
- 75 g ger. Käse (30 % F. i. Tr.)
- 2 EL gehackte Petersilie

Für 4 Personen ■ Zubereitungszeit: ca. 40 Min.
Pro Person: 310,8 kcal ■ 8,75 g Fett ■ 41 g KH ■ 25,3 % kcal aus Fett

1 Kartoffeln und Möhren schälen und waschen. Kartoffeln würfeln, Möhren in feine Scheiben schneiden. Spitzkohl waschen, putzen, vierteln und in grobe Stücke schneiden.

2 Speck würfeln und in einer großen, beschichteten Pfanne unter Wenden knusprig ausbraten. Herausnehmen und die Kartoffeln und Möhren in das heiße Fett geben. Unter Wenden ca. 15 Minuten braten, den Spitzkohl zufügen, salzen und pfeffern und weitere 5 bis 10 Minuten braten.

3 Den Käse gleichmäßig auf dem Gemüse verteilen und schmelzen lassen. Die Petersilie und die Speckwürfel über die Spitzkohlpfanne streuen und servieren.

Rosenkohl mit Apfel-Schinken-Würfel

- 750 g Rosenkohl
- 1 Zwiebel
- 2 TL Sonnenblumenöl
- 100 ml Apfelsaft
- 1 Würfel Gemüsebrühe
- 1 Bund frischer Majoran
- 150 g Apfelmus
- 4 EL Kaffeesahne (4 % F.)
- 2 EL Meerrettich
- Pfeffer, Muskat
- 100 g Schinken im Stück (ohne Fettrand)
- 2 Äpfel

Für 4 Personen ■ Zubereitungszeit: ca. 35 Min.
Pro Person: 232 kcal ■ 5 g Fett ■ 27,5 g KH ■ 19 % kcal aus Fett

1 Den Rosenkohl putzen, waschen und den Strunk kreuzförmig einschneiden. Die Zwiebel abziehen und würfeln.

2 In einem Topf 1 Teelöffel Sonnenblumenöl heiß werden lassen und die Zwiebelwürfel darin andünsten. 200 Milliliter Wasser und den Apfelsaft zugießen und zum Kochen bringen, den Brühwürfel darin auflösen. Den Rosenkohl zugeben und ca. 20 Minuten kochen.

3 Die Majoranblättchen abzupfen, waschen, klein schneiden und zusammen mit dem Apfelmus, der Kaffeesahne und dem Meerrettich hinzufügen. Mit Pfeffer und Muskat abschmecken.

4 Den Schinken in kleine Würfel schneiden und in einer beschichteten Pfanne im restlichen Öl braten. Die Äpfel waschen, in Viertel schneiden und das Kerngehäuse entfernen, die Äpfel in kleine Würfel schneiden und zum Schinken geben.

5 Zum Servieren die Schinken-Apfel-Würfel über den Rosenkohl geben.

Tipp: Zu diesem Gericht schmeckt am besten ein selbst gemachtes Kartoffelpüree.

Grünkohl

1 Zwiebel
20 g Schweineschmalz
600 g TK-Grünkohl
1/2 l Gemüsebrühe (Instant)
750 g Kartoffeln
Salz, Pfeffer
Muskat

Für 4 Personen ■ Zubereitungszeit: ca. 1 Std. 15 Min.
Pro Person: 240 kcal ■ 6,7 g Fett ■ 32,3 g KH ■ 25,1 % kcal aus Fett

1 Die Zwiebel abziehen, würfeln und in dem heißen Schmalz glasig dünsten. Den Grünkohl zufügen und mit der Gemüsebrühe aufgießen. Wenn der Grünkohl ganz aufgetaut ist, umrühren und ca. 1 Stunde bei geringer Hitze kochen lassen.

2 Inzwischen die Kartoffeln waschen und in etwas Salzwasser kochen. Noch heiß pellen und zerstampfen. Den Kartoffelbrei unter den Kohl mengen und, falls nötig, noch etwas Gemüsebrühe hinzufügen. Kräftig mit Salz, Pfeffer und Muskat abschmecken.

Tipp: In den letzten 10 Minuten können Sie pro Person noch eine magere Scheibe Kasseler auf den Grünkohl legen und mit erhitzen.

Bratkartoffeln

1 kg frisch gekochte Pellkartoffeln
2 Zwiebeln
1 TL Sonnenblumenöl
Rauchsalz, Pfeffer
3 TL gekörnte Gemüsebrühe

Für 4 Personen ■ Zubereitungszeit: ca. 25 Min.
Pro Person: 196,3 kcal ■ 1,8 g Fett ■ 38,5 g KH ■ 8,2 % kcal aus Fett

1 Die Kartoffeln heiß pellen und in Scheiben schneiden. Die Zwiebeln abziehen und würfeln.

2 Das Öl in einer großen, beschichteten Pfanne erhitzen. Die Kartoffelscheiben darin anbraten, mit Rauchsalz und Pfeffer bestreuen und wenden. Die Zwiebeln hinzufügen.

3 Die Gemüsebrühe in 75 Milliliter warmem Wasser auflösen und nach und nach zu den Kartoffeln gießen. Kartoffeln braten, bis sie rundum braun sind, dabei öfter wenden. Evtl. mit Salz und Pfeffer nachwürzen.

Tipp: Rauchsalz besteht aus Meersalz, das im Räucherfeuer das Raucharoma in sich aufgenommen hat.

Kartoffelklöße halb und halb

Für 8 große Klöße ▪ Vorbereitungszeit: ca. 40 Min. (am Vortag) ▪ Zubereitungszeit: ca. 1 Std. 10 Min.
Pro Stück: 147,9 kcal ▪ 1,1 g Fett ▪ 29 g KH ▪ 6,7 % kcal aus Fett

1250 g Kartoffeln
65 g Mehl
1 Ei
1 TL Salz

1 Am Vortag 750 Gramm Kartoffeln waschen und mit der Schale in etwas Salzwasser kochen. Sofort pellen und durch die Kartoffelpresse drücken, kalt stellen.

2 Am nächsten Tag die restlichen Kartoffeln schälen, waschen und fein reiben. Die Kartoffelmasse auf ein sauberes Geschirrtuch geben und fest ausdrücken, damit die Flüssigkeit entweicht. Die Masse in eine große Schüssel geben und die gekochten Kartoffeln vom Vortag, Mehl, Ei und Salz hinzufügen und alles zu einem glatten Teig vermengen.

3 Aus der Masse mit bemehlten Händen 8 große (oder 16 kleine) Klöße formen und in kochendem Salzwasser bei schwacher Hitze ca. 20 bis 30 Minuten kochen.

4 Mit dem Schaumlöffel herausnehmen und in eine Schüssel geben, in der ein umgestürzter Teller liegt. So kann das Wasser abtropfen und die Klöße kleben nicht.

Tipp: Ein altbackenes Brötchen in Würfel schneiden, in einer beschichteten Pfanne in wenig Butter goldgelb rösten und beim Formen der Klöße jeweils 1 bis 2 Brotwürfelchen in die Mitte geben.

Semmelknödel

Für 8 Knödel ▪ Zubereitungszeit: ca. 20 Min. ▪ Zeit zum Durchziehen: ca. 30 Min.
Pro Stück: 211,5 kcal ▪ 3,4 g Fett ▪ 36,8 g KH ▪ 14,5 % kcal aus Fett

6–8 altbackene Brötchen
1/4 l lauwarme Milch (1,5 % F.)
1 Bund Petersilie
1 Zwiebel
2 Eier
1 gestrichener TL Salz
etwas Grieß bei Bedarf

1 Die Brötchen in kleine Würfel schneiden. Die Milch über die Brötchenwürfel gießen und 30 Minuten ziehen lassen. Bei Bedarf noch etwas Milch zugeben.

2 Petersilie waschen, trockenschütteln und klein schneiden. Zwiebel abziehen und sehr fein würfeln oder reiben. Petersilie, Zwiebel, Eier und Salz zur Brötchenmasse geben und alles zu einem geschmeidigen Teig verarbeiten.

3 In einem großen Topf reichlich Salzwasser zum Kochen bringen. Mit nassen Händen etwa 8 Knödel formen. Evtl. einen Probeknödel formen und prüfen, ob er im siedenden Wasser gut fest bleibt, sonst noch ein wenig Grieß unter die Knödelteigmasse kneten.

4 Nach und nach alle Knödel in das Salzwasser geben und ca. 15 Minuten bei milder Hitze ziehen lassen. Die Semmelknödel mit der Schaumkelle herausheben und in eine Schüssel geben, in der ein umgestürzter Teller liegt. Gut abtropfen lassen.

Tipp: In Fleischbrühe gegart schmecken die Semmelknödel besonders gut.

Spätzle mit Rahmpfifferlingen (Foto)

- 400 g Mehl
- 4 Eier
- ca. 6 EL Mineralwasser
- Salz
- Muskat
- 600 g Pfifferlinge
- 250 g mageres Kasseler
- 1 Zwiebel
- etwas Thymian oder Majoran
- 1 TL Sonnenblumenöl
- Pfeffer
- 2 TL gekörnte Gemüsebrühe
- 150 ml Kaffeesahne (4 % F.)
- 2–3 EL dunkler Saucenbinder

Für 4 Personen ■ Zubereitungszeit: ca. 1 Std. 15 Min.
Pro Person: 609,8 kcal ■ 14,3 g Fett ■ 85,8 g KH ■ 21,1 % kcal aus Fett

1 Mehl, Eier, Mineralwasser, 1 Teelöffel Salz und etwas Muskat zu einem glatten, dickflüssigen Teig verarbeiten und etwa 1 Stunde ruhen lassen.

2 Inzwischen die Pfifferlinge putzen. Das Kasseler klein würfeln, dabei das sichtbare Fett entfernen. Zwiebel abziehen und hacken. Thymian oder Majoran waschen, trockenschütteln und hacken, einige Blättchen beiseite legen.

3 Das Öl in einer beschichteten Pfanne erhitzen und die Pfifferlinge kurz anbraten. Zwiebel und Kasseler zufügen und ca. 3 Minuten mitbraten. Mit Pfeffer, Thymian oder Majoran und Salz würzen. 3/8 Liter Wasser aufgießen, aufkochen, die Gemüsebrühe darin auflösen und ca. 3 Minuten köcheln lassen. Kaffeesahne einrühren, Saucenbinder einstreuen, alles aufkochen und mit Salz und Pfeffer abschmecken. Warm stellen.

4 Für die Spätzle reichlich Salzwasser zum Kochen bringen. Den Spätzleteig in kleinen Portionen auf ein angefeuchtetes Brett geben. Mit einem nassen Messer in dünnen Streifen ins kochende Wasser schaben. Einmal aufkochen, herausnehmen, abschrecken und abtropfen lassen.

5 Die Rahmpfifferlinge mit dem übrigen Thymian oder Majoran garnieren und mit den Spätzle anrichten.

Tipp: Die Spätzle mit einer fein gewürfelten Zwiebel in einer beschichteten Pfanne unter Rühren erhitzen und mit 2 Esslöffel geriebenem Käse überstreuen.

Kartoffelpuffer mit Apfelkompott

750 g Äpfel
1/8 l Weißwein oder Apfelsaft
50 g Zucker
Schale von 1 unbehandelten Zitrone
1 Zimtstange
800 g Kartoffeln
1 große Zwiebel
Salz
2 EL Mehl
1 TL Sonnenblumenöl
evtl. etwas Zucker zum Bestreuen

Für 4 Personen ■ Zubereitungszeit: ca. 45 Min.
Pro Person: 400 kcal ■ 3,75 g Fett ■ 72,25 g KH ■ 8,4 % kcal aus Fett

1 Für das Apfelkompott die Äpfel waschen, schälen, vierteln und das Kerngehäuse entfernen. Die Apfelstücke noch kleiner schneiden und mit Weißwein oder Apfelsaft, Zucker, Zitronenschale und Zimtstange in einen Topf geben. Aufkochen und so lange zugedeckt köcheln, bis das Kompott gar, aber noch stückig ist. Zitronenschale und Zimtstange entfernen.

2 Die Kartoffeln waschen, schälen und fein reiben. Die Zwiebel abziehen und zu den Kartoffeln reiben. Salz und Mehl zufügen und gut vermengen.

3 Ein heißes, beschichtetes Waffeleisen mit wenig Öl einpinseln, 3 bis 4 Esslöffel Kartoffelmasse einfüllen und knusprig ausbacken. Mit dem restlichen Teig ebenso verfahren, das Eisen jetzt nicht mehr einfetten.

4 Die heißen Kartoffelpuffer nach Belieben mit etwas Zucker bestreuen und mit dem Apfelkompott servieren.

Tipp: Die Kartoffelpuffer können auch ohne Fettzugabe auf der LOW FETT 30-Bratfolie in der Pfanne gebraten werden.

Schinken-Kartoffelpuffer mit Petersiliencreme

250 g abgetropfter Joghurt (1,5 % F.) (aus 500 g Joghurt nach Rezept S. 20)
6 EL Milch (1,5 % F.)
4 EL gehackte Petersilie
Salz, Pfeffer
1 große Zwiebel
1400 g Kartoffeln
2 Eier, 1 Msp. Muskat
4 TL Sonnenblumenöl
150 g magere Schinkenwürfel (z. B. Nuggetz von Reinert)

Für 4 Personen ■ Zubereitungszeit: ca. 40 Min. ■ Wartezeit: ca. 20 Min.
Pro Person: 454,5 kcal ■ 13 g Fett ■ 59,5 g KH ■ 25,7 % kcal aus Fett

1 Den abgetropften Joghurt mit der Milch verrühren, die Petersilie untermischen und mit Salz und Pfeffer abschmecken.

2 Die Zwiebel abziehen und reiben. Die Kartoffeln schälen, waschen, reiben und in ein Sieb geben. Die austretende Flüssigkeit in einer Schüssel auffangen und etwa 20 Minuten stehen lassen, bis sich die Stärke abgesetzt hat. Das obere Kartoffelwasser abgießen. Kartoffelmasse, Zwiebel und Ei zur Stärke geben und alles gut vermengen. Mit Salz, Pfeffer und Muskat würzen.

3 1 Teelöffel Öl in einer beschichteten Pfanne erhitzen, ein Viertel der Kartoffelmasse hineingeben, flach zu einem dünnen Fladen drücken und bei mittlerer Hitze auf beiden Seiten knusprig braten. Für die zweite Seite kein zusätzliches Fett verwenden. Mit der übrigen Kartoffelmasse ebenso verfahren.

4 Zum Servieren die Kartoffelpuffer mit je etwas Petersiliencreme und den Schinkenwürfeln belegen. Die restliche Petersiliencreme dazu reichen.

Buntes Rührei auf Toast

Für 4 Personen ■ Zubereitungszeit: ca. 15 Min.
Pro Person: 302 kcal ■ 9 g Fett ■ 39,8 g KH ■ 26,8 % kcal aus Fett

- 4 Eier
- Salz, Pfeffer
- 2 Tomaten
- 1 Dose Champignons (210 ml)
- 2 EL Schnittlauchröllchen
- 1 TL Butter
- 8 Scheiben Weißbrot
- 1 TL gehackte Petersilie

1 Die Eier mit 4 Esslöffel Wasser verrühren und mit Salz und Pfeffer würzen.

2 Eine Tomate kreuzweise einschneiden, überbrühen, häuten, die Kerne entfernen und das Fruchtfleisch in kleine Würfel schneiden. Die andere Tomate in Spalten schneiden. Champignons abtropfen lassen und in Scheiben schneiden. Pilze mit den Tomatenwürfeln und den Schnittlauchröllchen unter die Eimasse geben.

3 In einer beschichteten Pfanne die Butter zerlassen. Eimasse zufügen und stocken lassen, bis die Masse cremig und dickflockig ist.

4 Das Weißbrot toasten, das Rührei darauf verteilen, mit der Petersilie und den Tomatenspalten garnieren.

Großmutters Apfelpfannkuchen

Für 4 Personen ■ Zubereitungszeit: ca. 10 Min. ■ Quellzeit: ca. 20 Min.
Pro Person: 447,75 kcal ■ 12,25 g Fett ■ 70 g KH ■ 24,6 % kcal aus Fett

- 4 Eier
- 200 g Mehl
- 100 ml Milch (1,5 % F.)
- Salz
- 4 Äpfel
- 4 TL Butter
- 4 EL Zucker
- 1/2 TL Zimtpulver

1 Eier, Mehl, Milch und 1 Prise Salz mit dem Schneebesen zu einem Pfannkuchenteig verrühren. Den Teig ca. 20 Minuten quellen lassen.

2 Äpfel vierteln, schälen, das Kernhaus entfernen und die Apfelviertel in Scheiben schneiden.

3 In einer beschichteten Pfanne 1 Teelöffel Butter erhitzen, die Scheiben eines Apfels in der Pfanne verteilen und kurz andünsten. Eine Schöpfkelle Teig über die Apfelscheiben geben, bei mittlerer Hitze ausbacken, wenden und die andere Seite goldgelb backen. Mit den restlichen 3 Pfannkuchen ebenso verfahren.

4 Den Zucker mit dem Zimtpulver mischen, die Apfelpfannkuchen damit bestreuen und heiß servieren.

Kirschauflauf (Foto)

1/2 l Milch (1,5 % F.)
100 g Grieß
100 g Puderzucker
4 Eier
abgeriebene Schale und Saft von 1/2 unbehandelten Zitrone
50 g ger. Haselnüsse
1 TL Butter
2 Äpfel
1 Glas Sauerkirschen (380 g)

Für 4 Personen ▪ Zubereitungszeit: ca. 20 Min. ▪ Backzeit: ca. 30 Min.
Pro Person: 554,7 kcal ▪ 17 g Fett ▪ 64,1 g KH ▪ 27,6 % kcal aus Fett

1 Die Milch erhitzen, den Grieß einstreuen und unter Rühren zum Kochen bringen. Abkühlen lassen.

2 Den Puderzucker sieben, die Eier trennen. Puderzucker, Eigelb, Zitronenschale und -saft etwa 3 Minuten cremig schlagen. Haselnüsse und Grießbrei unterrühren. Eiweiß steif schlagen und unterheben. Den Boden einer Auflaufform mit Butter einfetten, den Rand aussparen. Den Backofen auf 200 °C vorheizen.

3 Die Äpfel vierteln, schälen und das Kerngehäuse entfernen. Die Äpfel in kleine Stücke schneiden, die Kirschen abtropfen lassen. Die Äpfel mit den Kirschen mischen und in die Form geben. Den Grießteig darauf verteilen. Im vorgeheizten Backofen ca. 30 Minuten backen.

Quark-Grieß-Auflauf mit Aprikosen

1 l Milch (1,5 % F.)
2 Prisen Salz
80 g Grieß
4 Eier + 2 Eiweiß
500 g Magerquark
125 g Zucker
2 Päck. Vanillinzucker
1 Fläschchen Vanille-Aroma
1 Päck. Vanille-Puddingpulver
1 große Dose Aprikosen (850 ml)
etwas Halbfettmargarine für die Form
20 g Mandelblättchen

Für 4 Personen ▪ Zubereitungszeit: ca. 20 Min. ▪ Backzeit: ca. 50 Min.
Pro Person (große Portion): 584,5 (389,7) kcal ▪ 15,75 (10,5) g Fett ▪ 72,5 (48,3) g KH ▪ 24,25 % kcal aus Fett

1 Die Milch mit dem Salz zum Kochen bringen. Den Grieß einrühren, aufkochen und auf kleinster Stufe oder ausgeschalteter Herdplatte ca. 5 Minuten ausquellen und dann etwas abkühlen lassen.

2 Die Eier trennen. Das gesamte Eiweiß steif schlagen. Das Eigelb mit Quark, Zucker, Vanillinzucker, Vanille-Aroma und Puddingpulver cremig rühren. Den abgekühlten Grießbrei unterrühren und den Eischnee unterheben.

3 Die Aprikosen auf ein Sieb geben und gut abtropfen lassen. Den Backofen auf 200 °C vorheizen.

4 Eine große oder zwei mittlere Auflaufformen mit hohem Rand einfetten, die Quark-Grieß-Masse einfüllen und mit den Aprikosen belegen. Die Mandeln über den Auflauf streuen.

5 Den Auflauf ca. 50 bis 60 Minuten im vorgeheizten Backofen backen. Falls er zu dunkel wird, mit Pergamentpapier abdecken.

Tipp: Der Quark-Grieß-Auflauf schmeckt auch kalt sehr köstlich.

Süßes Finale

500 g Äpfel
1/8 l Weißwein oder Apfelsaft
1 Päck. Rote-Grütze-Pulver
4 geh. EL Zucker
375 ml Apfelsaft
1 Päck. Vanille-Saucenpulver
2 gestrichene EL Zucker
450 ml Milch (1,5 % F.)
125 g Sahne
etwas Zimtpulver

Roter Apfelpudding mit Vanillesauce (Foto)

Für 4 Personen ■ Zubereitungszeit: ca. 25 Min. ■ plus Kühlzeit
Pro Person: 448 kcal ■ 12 g Fett ■ 75,5 g KH ■ 24 % kcal aus Fett

1 Äpfel waschen, vierteln, schälen, das Kernhaus entfernen und die Apfelviertel in dünne Scheiben schneiden. Apfelstücke in 1/8 Liter Weißwein kurz dünsten. Auf einem Sieb abtropfen lassen und den Sud auffangen.

2 Das Rote-Grütze-Pulver mit dem Zucker mischen. Nach und nach mit 6 Esslöffel Apfelsaft glatt rühren. Den Sud mit dem restlichen Apfelsaft aufkochen, von der Kochstelle nehmen, das angerührte Pulver einrühren und unter Rühren kurz aufkochen lassen. Die gedünsteten Apfelstücke unterheben, den Pudding in vier Dessertgläser oder eine Glasschale füllen, über Nacht abkühlen lassen oder mindestens 2 Stunden kühl stellen.

3 Für die Sauce das Saucenpulver mit dem restlichen Zucker mischen und mit 6 Esslöffel Milch glatt rühren. Die übrige Milch in einem Kochtopf aufkochen, von der Kochstelle nehmen und das angerührte Pulver mit einem Schneebesen einrühren. Die Sauce unter Rühren kurz aufkochen lassen, abkühlen. Frischhaltefolie direkt auf die Sauce legen und erkalten lassen. Sahne steif schlagen und unterheben, mit Zimt abschmecken.

4 Den Apfelpudding mit der Vanillesauce servieren.

Tipp: Wenn das Dessert nicht so gehaltvoll sein soll, können Sie bei der Vanillesauce einfach die Sahne weglassen.

Welfenspeise mit Apfelsaft und Ananas

- **3 Eier**
- **1/2 l Milch**
- **50 g Speisestärke**
- **120 g Zucker**
- **1 Vanilleschote**
- **1 Dose Ananas in Stücken (236 ml)**
- **1/4 l Apfelsaft**

Für 6 Personen ■ Zubereitungszeit: ca. 30 Min. ■ plus Kühlzeit
Pro Person: 216 kcal ■ 4,5 g Fett ■ 36,2 g KH ■ 18,8 % kcal aus Fett

1 Die Eier trennen, das Eiweiß steif schlagen. Von der Milch 6 Esslöffel abnehmen, in einer kleinen Schüssel mit 40 Gramm Speisestärke und 40 Gramm Zucker verrühren. Die Vanilleschote der Länge nach halbieren und das Mark herauskratzen.

2 Die restliche Milch mit dem Vanillemark und der ausgekratzten Vanilleschote aufkochen. Die Vanilleschote entfernen, die angerührte Speisestärke zugeben und unter Rühren kurz aufkochen lassen. Den Eischnee mit dem Schneebesen unterheben und nochmals aufkochen lassen.

3 Die Ananasstücke gut abtropfen lassen, unter die Creme rühren und in eine mit Wasser ausgespülte Glasschüssel oder in Portionsschälchen füllen. (Die Schüssel bzw. die Portionsschälchen sollten nur zur Hälfte gefüllt sein). Die Creme gut abkühlen lassen.

4 Das Eigelb mit 80 Gramm Zucker, dem Apfelsaft und 10 Gramm Speisestärke in einer Schüssel schaumig rühren. Im heißen Wasserbad aufschlagen, bis die Masse schaumig ist und sich verdoppelt hat. (Vorsicht, die Masse darf nicht kochen!) Den Apfelschaum abkühlen lassen und zum Servieren auf die Ananascreme geben.

Tipp: Statt Apfelsaft können Sie auch Orangensaft verwenden. Der Apfelschaum ist auch als Welfencreme bekannt.

Kirsch-Kaltschale mit Schnee-Eiern

Für 4 Personen ■ Zubereitungszeit: ca. 50 Min. ■ plus Kühlzeit
Pro Person: 376 kcal ■ 1,25 g Fett ■ 79,25 g KH ■ 3 % kcal aus Fett

500 g Sauerkirschen (frisch oder aus dem Glas)
1 Vanilleschote
80 g Zucker
400 ml Kirschsaft
100 ml Orangensaft
100 ml Rotwein oder roter Traubensaft
2 geh. TL Speisestärke
100 g Zucker
1 TL Zimtpulver
1 l Milch (1,5 % F.)
2 Eiweiß
1 Prise Salz
1 Spritzer Zitronensaft
4 EL Kaffeesahne (4 % F.)

1 Die frischen Kirschen waschen, abtropfen lassen, die Stiele entfernen und entsteinen. (Kirschen aus dem Glas abtropfen lassen.) Die Vanilleschote längs einritzen und das Mark herauskratzen.

2 Den Zucker in einem Topf vorsichtig erhitzen und hellbraun karamellisieren lassen. 3 Esslöffel Kirschsaft für später aufbewahren. Den restlichen Kirschsaft mit Orangensaft, Rotwein auffüllen. Vanilleschote und -mark hinzufügen und die Flüssigkeit ca. 5 Minuten offen auf ca. 400 Milliliter einkochen.

3 Die Speisestärke mit dem übrigen Kirschsaft anrühren. Die Kirschen zugeben, alles aufkochen und mit der angerührten Stärke binden. Das Kompott etwas abkühlen lassen und kalt stellen.

4 Für die Schnee-Eier 1 Esslöffel Zucker mit Zimt mischen. Milch in einem breiten Topf aufkochen. Eiweiß mit Salz und Zitronensaft steif schlagen. Nach und nach den übrigen Zucker einrieseln lassen. So lange weiterschlagen, bis ein cremiger, fester Eischnee entsteht. Sofort aus der Masse mit zwei Esslöffeln 8 Nocken formen und in die heiße, aber nicht kochende Milch gleiten lassen. Bei geringer Hitze 5 bis 6 Minuten ziehen lassen, dabei einmal umdrehen.

5 Das Kirschkompott auf 4 Teller verteilen. Die Schnee-Eier mit einer Schaumkelle aus der Milch nehmen, gut abtropfen lassen und jeweils 2 Schnee-Eier auf das Kompott setzen. Den Zimtzucker darüber streuen und mit je 1 Esslöffel flüssiger Sahne beträufelt sofort servieren.

Tipp: Heben Sie die Milch auf, in der Sie die Schnee-Eier gekocht haben, und verwenden Sie sie für eine andere Süßspeise (z. B. Pudding).

Überbackene Apfelscheiben

- 1 kg Äpfel
- etwas Fett für die Form
- 100 g kalte Halbfettmargarine
- 200 g Mehl, 75 g Zucker
- 1 Päck. Vanillinzucker
- 1 Fläschchen Bittermandel-Aroma
- 2 Becher Vanille-Joghurt (à 125 g, 1,5 % F.)
- 1 Prise Zimtpulver

Für 10 Portionen ■ Zubereitungszeit: ca. 20 Min. ■ Backzeit: ca. 30 Min.
Pro Portion: 205 kcal ■ 4,5 g Fett ■ 373 g KH ■ 20 % kcal aus Fett

1 Die Äpfel waschen, vierteln, schälen, das Kerngehäuse entfernen und die Apfelviertel in Scheiben schneiden. In eine flache, leicht gefettete Auflaufform schichten. Den Backofen auf 220 °C vorheizen.

2 Die Margarine, das Mehl, den Zucker, den Vanillinzucker und das Bittermandel-Aroma in eine Schüssel geben und mit den Knethaken des Handrührgeräts zu Streuseln kneten. Die Streusel über die Äpfel verteilen und im Backofen ca. 30 Minuten backen.

3 Für die Sauce den Vanille-Joghurt sorgfältig mit dem Zimtpulver verrühren und zu den überbackenen Apfelscheiben servieren.

Quarkgugelhupf mit Apfel und Rosinen

- 1 Apfel, 50 g Rosinen
- 2–3 EL Weinbrand oder Apfelsaft
- 4 Eier
- 50 g Halbfettmargarine
- 100 g Zucker
- 1 Päck. Vanillinzucker
- 1 Prise Salz, 1/2 TL Zimtpulver
- abgeriebene Schale von 1 unbehandelten Zitrone
- 500 g Magerquark, 5 EL Grieß
- 25 g gehackte Pistazien oder Mandeln
- Backspray oder Öl für die Form
- 3 EL Puderzucker zum Bestäuben

Für 16 Stück ■ Zubereitungszeit: ca. 20 Min. ■ Backzeit: ca. 1 Std. 10 Min.
Pro Stück: 126,1 kcal ■ 3,6 g Fett ■ 14,6 g KH ■ 25,7 % kcal aus Fett

1 Apfel waschen, vierteln, schälen, das Kerngehäuse entfernen und die Apfelviertel in kleine Würfel schneiden. Rosinen und Apfelstücke in Weinbrand oder Apfelsaft marinieren. Den Backofen auf 180 °C vorheizen.

2 Eier trennen. Eigelb, Halbfettmargarine, Zucker, Vanillinzucker und Salz schaumig rühren. Zimtpulver, Zitronenschale, Quark und Grieß unterrühren. Rosinen, Apfelstücke und Pistazien oder Mandeln zugeben. Das Eiweiß steif schlagen und vorsichtig unterheben. Eine Gugelhupfform mit Backspray oder etwas Öl einfetten, den Teig einfüllen und den Gugelhupf etwa 1 Stunde 10 Minuten goldbraun backen.

3 Den Gugelhupf 10 Minuten in der Form abkühlen lassen, dann stürzen und vollständig auskühlen lassen. Zum Servieren dick mit Puderzucker bestäuben.

Aprikosen-Käsekuchen mit Streuseln

Für 24 Stück ■ Zubereitungszeit: ca. 25 Min. ■ Gehzeit: ca. 45 Min. ■ Backzeit: ca. 55 Min.
Pro Person: 326 kcal ■ 7,8 g Fett ■ 47,8 g KH ■ 21,5 % kcal aus Fett

1 Das Mehl in eine Schüssel sieben, in die Mitte eine Vertiefung drücken, die Hefe hineinbröckeln und mit 2 Esslöffel lauwarmer Milch und 1 Teelöffel Zucker verrühren. Etwas Mehl darüber stäuben und 15 Minuten gehen lassen.

2 Den übrigen Zucker, Salz, Ei, weiche Margarine in Flöckchen und den Vanillinzucker unterkneten. Den Teig abgedeckt an einem warmen Ort ca. 30 Minuten gehen lassen, bis er sein Volumen verdoppelt hat.

3 Den Saft der Aprikosen abgießen. Ein Blech mit hohem Rand mit Backpapier auslegen. Den Backofen auf 175 °C vorheizen.

4 Eier trennen. Margarine schmelzen und abkühlen lassen. Zitrone heiß waschen, die Schale abreiben und den Saft auspressen. Quark mit Eigelb und 150 Gramm Zucker verrühren, Zitronensaft hinzufügen. Margarine und das mit Backpulver gemischte Puddingpulver unterrühren. Eiweiß mit dem übrigen Zucker steif schlagen. Eischnee und Sultaninen unter die Quarkmasse heben.

5 Den Hefeteig auf dem Backblech ausrollen, einen Rand hochziehen und die Quarkmasse darauf verteilen. Die Aprikosen mit der Rundung nach oben darauf setzen und den Kuchen ca. 30 Minuten im Ofen vorbacken.

6 Für die Streusel Mehl mit Zucker, Vanillinzucker und Salz vermischen. Die abgekühlte Margarine daraufgeben und mit einer Gabel unterrühren, bis kleine Streusel entstehen.

7 Die Streusel zwischen den Aprikosen auf dem Käsekuchen verteilen. Bei 200 °C ca. 25 Minuten fertig backen.

Für den Hefeteig

300 g Mehl

1 Würfel frische Hefe (42 g)

90 ml lauwarme Milch (1,5 % F.)

60 g Zucker

1 Prise Salz

1 Ei

1 EL weiche Halbfettmargarine

1 Päck. Vanillinzucker

Für den Belag

1 Dose Aprikosen (Abtropfgewicht 480 g)

6 Eier

200 g Halbfettmargarine

1 unbehandelte Zitrone

1,5 kg Magerquark

300 g Zucker

2 Päck. Sahne-Puddingpulver (für je 1/2 l Milch)

2 TL Backpulver

100 g Sultaninen

Für die Streusel

250 g Mehl

150 g Zucker

1 Päck. Vanillinzucker

1 Prise Salz

120 g zerlassene Halbfettmargarine

LOW FETT-30-Tabelle

Lebensmittel, Menge (essbarer Anteil)	Energie (kcal)	Fett (g)	Kohlenhydrate (g)	kcal aus Fett (%)
Getreide und Getreideprodukte				
Reis, Naturreis, gekocht, 100 g	127	0.7 g	27.3 g	4.96 %
Reis, parboiled, gekocht, 100 g	123	0.3 g	27.6 g	2.20 %
Reis, poliert, gekocht, 100 g	104	0.3 g	23.5 g	2.60 %
Reis, Wildreis, roh, 100 g	338	2.0 g	73.0 g	5.33 %
Risotto-Reis, roh, 100 g	349	0.8 g	72.6 g	2.06 %
Eierteigwaren, gekocht, 100 g	118	2.6 g	18.2 g	19.83 %
Nudeln, eifrei, roh, 100 g	362	1.2 g	75.2 g	2.98 %
Vollkornnudeln, roh, 100 g	343	3.0 g	64.0 g	7.87 %
Baguette, 100 g	272	2.0 g	56.0 g	6.62 %
Brandt Frühstücks-Zwieback, 100 g	373	5.0 g	70.0 g	12.06 %
Brandt Kokos-Zwieback, 100 g	420	12.0 g	71.0 g	25.71 %
Brandt Markenzwieback, 100 g	394	6.0 g	74.0 g	13.71 %
Brandt Vollkornzwieback, 100 g	362	6.0 g	64.0 g	14.92 %
Brötchen, hell, 100 g	254	1.7 g	49.6 g	6.02 %
Grieß, 100 g	326	0.0 g	14.0 g	0.00 %
Gutena Filinchen Diät Knusper-Brot, 100 g	395	5.0 g	87.2 g	11.39 %
Gutena Filinchen Knusper-Brot, 100 g	399	6.2 g	74.7 g	13.98 %
Gutena Filinchen Vital Knusper-Brot, 100 g	392	5.8 g	71.6 g	13.32 %
Haferflocken, 100 g	375	6.3 g	63.3 g	15.12 %
Knäckebrot, 100 g	317	1.3 g	65.3 g	3.69 %
Mehrkornbrötchen, 100 g	233	6.7 g	49.0 g	25.88 %
Mohnbrötchen, 100 g	268	5.4 g	47.0 g	18.13 %
Mondamin Feine Speisestärke, 100 g	348	0.0 g	87.0 g	0.00 %
Paniermehl, 100 g	350	0.0 g	70.0 g	0.00 %
Roggenmehl, Type 1150, 100 g	321	1.2 g	67.8 g	3.36 %
Roggenmischbrot, 100 g	221	1.0 g	45.4 g	4.07 %
Roggenvollkornbrot, 100 g	205	1.1 g	40.8 g	4.83 %

Lebensmittel, Menge (essbarer Anteil)	Energie (kcal)	Fett (g)	Kohlen-hydrate (g)	kcal aus Fett (%)
Weißbrot, 100 g	237	1.1 g	47.8 g	4.18 %
Weizenmehl, Type 1050, 100 g	336	1.6 g	67.2 g	4.29 %
Weizenmehl, Type 405, 100 g	338	0.9 g	70.9 g	2.40 %
Weizenmehl,Type 550, 100 g	338	1.0 g	70.8 g	2.66 %
Weizenmischbrot, 100 g	239	1.0 g	50.0 g	3.77 %
Weizentoastbrot, 100 g	265	4.0 g	48.1 g	13.58 %
Backzutaten				
Backpulver, 100 g	89	0.0 g	22.0 g	0.00 %
Blatt Gelatine, rot, 100 g	352	0.0 g	0.0 g	0.00 %
Blatt Gelatine, weiß, 100 g	352	0.0 g	0.0 g	0.00 %
Dr. Oetker Bittermandel-Aroma, 100 g	702	78.0 g	0.0 g	100.00 %
Dr. Oetker Butter-Vanille-Aroma, 100 g	280	0.0 g	0.0 g	0.00 %
Dr. Oetker Finesse Ger. Zitronenschale, 100 g	247	0.3 g	59.7 g	1.09 %
Dr. Oetker Frische Hefe 42g-Würfel, 100 g	313	4.2 g	32.0 g	12.08 %
Kakaopulver, fettarm, 100 g	272	12.0 g	17.0 g	39.71 %
Puderzucker, 100 g	375	0.0 g	86.0 g	0.00 %
Tortenguß klar, m. Z., 100 g	359	0.1 g	88.2 g	0.25 %
Trockenbackhefe, 100 g	335	2.5 g	26.0 g	6.72 %
Vanillinzucker, 100 g	394	0.0 g	98.5 g	0.00 %
Zucker, 100 g	400	0.0 g	100.0 g	0.00 %
Zuckerrübensirup, 100 g	300	0.0 g	80.0 g	0.00 %
Gemüse und Gemüseprodukte				
Austernpilz, 100 g	11	0.1 g	0.0 g	8.18 %
Blumenkohl, roh, 100 g	22	0.3 g	2.3 g	12.27 %
Bohne, weiß, trocken, 100 g	301	1.4 g	47.8 g	4.19 %
Bohnen, grün, roh, 100 g	26	0.2 g	5.3 g	6.92 %
Broccoli, roh, 100 g	26	0.2 g	2.8 g	6.92 %
Champignon, frisch, 100 g	15	0.2 g	0.7 g	12.00 %
Champignon, in Dosen, 100 g	16	0.5 g	0.6 g	28.13 %
Chinakohl, roh, 100 g	12	0.3 g	1.3 g	22.50 %
Erbsen, grün, roh, 100 g	70	0.4 g	12.6 g	5.14 %

Lebensmittel, Menge (essbarer Anteil)	Energie (kcal)	Fett (g)	Kohlen-hydrate (g)	kcal aus Fett (%)
Erbsen, trocken, 100 g	342	1.3 g	56.7 g	3.42 %
Feldsalat, 100 g	14	0.3 g	0.7 g	19.29 %
Frosta Bioland Junge Brechbohnen, 100 g	35	0.3 g	5.7 g	7.71 %
Frosta Bioland Junge Erbsen, 100 g	86	0.7 g	14.2 g	7.33 %
Frosta Bioland Karotten, 100 g	28	0.3 g	5.5 g	9.64 %
Grünkohl, 100 g	37	0.8 g	3.0 g	19.46 %
Gurken, roh, 100 g	12	0.2 g	2.1 g	15.00 %
Hengstenberg Mildessa Weinsauerkraut, 100 g	17	0.1 g	2.7 g	5.29 %
Kartoffel, roh, 100 g	70	0.1 g	15.4 g	1.29 %
Kidneybohnen, 100 g	308	3.3 g	50.0 g	9.64 %
Kohlrabi, roh, 100 g	24	0.1 g	3.9 g	3.75 %
Kopfsalat, 100 g	12	0.2 g	1.1 g	15.00 %
Kühne Cornichons, 100 ml	27	0.3 g	4.5 g	10.00 %
Kühne Feine Gürkchen, 100 ml	43	0.2 g	9.0 g	4.19 %
Kühne Rote Beete, 100 g	62	0.2 g	14.0 g	2.90 %
Kühne Sauerkraut, mild, 100 g	26	0.3 g	4.5 g	10.38 %
Linse, trocken, 100 g	325	1.3 g	52.0 g	3.60 %
Möhren, roh, 100 g	25	0.2 g	4.9 g	7.20 %
Paprika, roh, 100 g	20	0.3 g	3.2 g	13.50 %
Pfanni Kartoffelpüree, 100 g	336	1.0 g	73.0 g	2.68 %
Pfefferschote, Peperoni, 100 g	20	0.6 g	0.7 g	27.00 %
Pfifferling, frisch, 100 g	11	0.4 g	0.2 g	32.73 %
Porree, 100 g	25	0.3 g	3.2 g	10.80 %
Rettich, 100 g	13	0.1 g	1.9 g	6.92 %
Rosenkohl, roh, 100 g	36	0.3 g	3.8 g	7.50 %
Rotkohl, roh, 100 g	21	0.2 g	3.5 g	8.57 %
Schneekoppe Sellerie-Salat in Streifen, 100 g	19	0.0 g	4.0 g	0.00 %
Spinat, roh, 100 g	15	0.3 g	0.6 g	18.00 %
Stangensellerie, 100 g	15	0.0 g	2.0 g	0.00 %
Tomaten, in Dosen, 100 g	19	0.2 g	3.6 g	9.47 %
Tomaten, roh, 100 g	17	0.2 g	3.5 g	10.59 %
Tomatenmark, 100 g	39	0.5 g	5.5 g	11.54 %
Weißkohl, roh, 100 g	24	0.2 g	4.2 g	7.50 %

Lebensmittel, Menge (essbarer Anteil)	Energie (kcal)	Fett (g)	Kohlen-hydrate (g)	kcal aus Fett (%)
Wirsing, roh, 100 g	25	0.3 g	2.4 g	10.80 %
Zucchini, 100 g	19	0.4 g	2.1 g	18.95 %
Zwiebel, roh, 100 g	28	0.2 g	5.8 g	6.43 %
Obst und Obstprodukte				
Ananas, in Dosen, 100 g	84	0.2 g	20.2 g	2.14 %
Apfel, 100 g	55	0.3 g	12.4 g	4.91 %
Apfelmus, 100 g	79	0.1 g	19.3 g	1.14 %
Apfelsine, roh, 100 g	42	0.2 g	9.2 g	4.29 %
Aprikosen, getrocknet, 100 g	247	0.5 g	55.7 g	1.82 %
Aprikosen, in Dosen, 100 g	75	0.1 g	18.1 g	1.20 %
Banane, roh, 100 g	92	0.2 g	21.4 g	1.96 %
Birne, in Dosen, 100 g	77	0.1 g	18.7 g	1.17 %
Birne, roh, 100 g	55	0.3 g	12.7 g	4.91 %
Dattel, getrocknet, 100 g	278	0.5 g	66.3 g	1.62 %
Erdbeere, roh, 100 g	33	0.4 g	6.5 g	10.91 %
Heidelbeeren, in Dosen, o.Z., 100 g	24	0.4 g	4.8 g	15.00 %
Heidelbeeren, roh, 100 g	37	0.5 g	7.4 g	12.16 %
Himbeere, in Dosen, o.Z., 100 g	26	0.7 g	5.5 g	24.23 %
Kirschen, im Glas, 100 g	82	0.2 g	19.5 g	2.20 %
Mandarinen, roh, 100 g	46	0.3 g	10.1 g	5.87 %
Nektarine, roh, 100 g	53	0.0 g	12.4 g	0.00 %
Pfirsich, in Dosen, 100 g	69	0.1 g	16.5 g	1.30 %
Pflaumen, getrocknet, 100 g	227	0.5 g	53.2 g	1.98 %
Pflaumen, in Dosen, 100 g	75	0.1 g	18.1 g	1.20 %
Pflaumen, roh, 100 g	50	0.2 g	11.4 g	3.60 %
Weintrauben, roh, 100 g	70	0.3 g	16.1 g	3.86 %
Zitrone, roh, 100 g	41	0.5 g	8.1 g	10.98 %
Fleisch, Fleischprodukte und Fisch				
Gans, 100 g	342	31.0 g	0.0 g	81.58 %
Geflügelwurst, mager, 100 g	108	4.8 g	0.0 g	40.00 %
Hackfleisch (halb & halb), 100 g	260	20.0 g	0.0 g	69.23 %

Lebensmittel, Menge (essbarer Anteil)	Energie (kcal)	Fett (g)	Kohlen-hydrate (g)	kcal aus Fett (%)
Hase, 100 g	113	3.0 g	0.0 g	23.89 %
Herta Hähnchen-Brust geräuchert, 100 g	104	2.0 g	0.9 g	17.31 %
Huhn, Brathuhn, 100 g	166	9.6 g	0.0 g	52.05 %
Hühnchenbrust, 100 g	99	1.0 g	0.0 g	9.09 %
Hühnerbrust ohne Haut, 100 g	105	1.0 g	0.0 g	8.57 %
Kalbsgulasch, 100 g	111	3.1 g	0.0 g	25.14 %
Kalbsschnitzel, 100 g	107	2.6 g	0.0 g	21.87 %
Kasselerbraten, 100 g	116	4.0 g	2.0 g	31.03 %
Lachsbraten, 100 g	114	2.0 g	1.0 g	15.79 %
Lachsschinken, 100 g	133	1.0 g	0.0 g	6.77 %
Lamm/Hammel, Brust, 100 g	381	3.7 g	0.0 g	8.74 %
Meica Geflügelwürstchen/Saitling, 100 g	185	14.5 g	0.5 g	70.54 %
Putenbrust, 100 g	105	1.0 g	0.0 g	8.57 %
Reinert Barbecue Truthahnbrust gegrillt, 100 g	112	2.0 g	1.0 g	16.07 %
Reinert Hähnchenbrust Florida, 100 g	83	0.5 g	2.5 g	5.42 %
Reinert Original Truthahnbrust gegrillt, 100 g	119	3.0 g	1.0 g	22.69 %
Reinert Schinken Nuggetz, extra mager, 100 g	133	6.0 g	1.0 g	40.60 %
Rinder-Braten aus der Keule, 100 g	119	3.5 g	0.0 g	26.47 %
Rinder-Gulasch aus der Keule, 100 g	119	3.5 g	0.0 g	26.47 %
Rinder-Roulade aus der Keule, 100 g	119	3.5 g	0.0 g	26.47 %
Rindfleisch, mager, Hüfte, Wade, 100 g	108	2.4 g	0.0 g	20.00 %
Roastbeef vom Rind, 100 g	132	4.8 g	0.0 g	32.73 %
Salami, 100 g	371	33.0 g	0.0 g	80.05 %
Schinken, ohne Fettrand, 100 g	145	2.9 g	0.0 g	18.00 %
Schinkenspeck »Bacon«, 100 g	317	26.6 g	0.0 g	75.52 %
Schweine-Filet, 100 g	106	2.0 g	0.0 g	16.98 %
Schweine-Geschnetzeltes (Schinken), 100 g	106	2.0 g	0.0 g	16.98 %
Schweine-Gulasch (Schinken), 100 g	106	2.0 g	0.0 g	16.98 %
Tatar, 100 g	113	3.0 g	0.0 g	23.89 %
Forelle, 100 g	102	2.7 g	0.0 g	23.82 %
Hering, Filet, 100 g	207	15.0 g	0.0 g	65.22 %
Kabeljau, Filet, 100 g	68	0.0 g	0.0 g	0.00 %
Karpfen, 100 g	115	4.8 g	0.0 g	37.57 %

Lebensmittel, Menge (essbarer Anteil)	Energie (kcal)	Fett (g)	Kohlen-hydrate (g)	kcal aus Fett (%)
Miesmuschel, 100 g	51	1.3 g	0.0 g	22.94 %
Rotbarsch, 100 g	105	3.6 g	0.0 g	30.86 %
Schellfisch, 100 g	77	0.6 g	0.0 g	7.01 %
Seelachs, 100 g	80	0.8 g	0.0 g	9.00 %
Thunfisch, in Wasser, 100 g	113	0.5 g	0.0 g	3.98 %
Milch , Milchprodukte und Eier				
Butter, 100 g	773	79.0 g	0.0 g	91.98 %
Buttermilch, 100 g	39	0.5 g	4.8 g	11.54 %
Buttermilchfrischkäse, 100 g	140	8.0 g	1.0 g	51.43 %
Crème fraîche 30 %, 100 g	298	30.0 g	4.0 g	90.60 %
Du darfst Halbfettbutter, 100 g	364	39.0 g	0.6 g	96.43 %
Edamer 40 %, 100 g	331	22.2 g	0.0 g	60.36 %
Feta 40 %, 100 g	218	16.0 g	0.0 g	66.06 %
Gouda 40 %, 100 g	300	22.3 g	0.0 g	66.90 %
Gouda 48 %, 100 g	343	28.0 g	0.0 g	73.47 %
H-Milch, entrahmt, 100 g	36	0.1 g	5.0 g	2.50 %
H-Millch 1,5 %, 100 g	47	1.5 g	4.9 g	28.72 %
Hühnerei, 100 g	167	10.6 g	0.7 g	57.13 %
Hühnereigelb, 100 g	377	30.3 g	0.3 g	72.33 %
Hühnereiklar, 100 g	55	0.2 g	0.7 g	3.27 %
Joghurt 1,5 %, 100 g	53	1.5 g	5.6 g	25.47 %
Joghurt aus Magermilch, 100 g	39	0.1 g	4.9 g	2.31 %
Joghurt mit Früchten, gezuckert, 100 g	103	2.5 g	15.5 g	21.84 %
Karwendel Edamer 30 %, 100 g	261	16.5 g	0.1 g	56.90 %
Kondensmilch 4 %, 100 g	128	4.1 g	13.3 g	28.83 %
Kraft Velveta Classic Scheibletten, 100 g	179	8.7 g	7.9 g	43.74 %
Kraft Velveta Toast Scheibletten leicht, 100 g	210	11.0 g	6.1 g	47.14 %
Parmesan 32 %, 100 g	396	24.5 g	0.1 g	55.68 %
Sahne 10 %, 100 g	127	9.4 g	4.1 g	66.61 %
Sahne 30 %, 100 g	317	30.1 g	3.3 g	85.46 %
Saure Sahne (Rahm), 100 g	117	10.0 g	3.7 g	76.92 %
Saure Sahne extra, 100 g	187	18.0 g	3.4 g	86.63 %

Lebensmittel, Menge (essbarer Anteil)	Energie (kcal)	Fett (g)	Kohlen-hydrate (g)	kcal aus Fett (%)
Schmand 24 %, 100 g	239	24.0 g	3.2 g	90.38 %
Speisequark 20 %, 100 g	116	4.8 g	3.4 g	37.24 %
Trinkmilch, fettarm 1,5 %, 100 g	49	1.6 g	4.8 g	29.39 %
Zott Gourmet Diät, 100 g	63	1.3 g	8.0 g	18.57 %
Zott Toasty Chester, 100 g	278	22.0 g	3.1 g	71.22 %
Zott Toasty Toast, 100 g	279	22.0 g	3.3 g	70.97 %
Zottarella, 100 g	250	19.0 g	1.5 g	68.40 %
Zottarella leicht, 100 g	165	8.5 g	1.0 g	46.36 %
Nüsse, Samen und Öle				
Diätmargarine, 100 g	746	76.0 g	0.2 g	91.69 %
Distelöl, 100 g	899	94.9 g	0.0 g	95.01 %
Halbfettmargarine, 100 g	381	38.0 g	0.4 g	89.76 %
Haselnuss, 100 g	643	61.0 g	11.4 g	85.38 %
Mandel, 100 g	599	54.0 g	9.3 g	81.14 %
Olivenöl, 100 g	926	94.6 g	0.0 g	91.94 %
Pistazienkerne, 100 g	598	51.6 g	17.5 g	77.66 %
Sonnenblumenöl, 100 g	928	94.8 g	0.0 g	91.94 %
Gewürze und Saucen				
bofrost Kräuterprofi Kräutermischung 779, 100 g	67	4.4 g	4.3 g	59.10 %
Grüner Pfeffer, 100 g	26	0.8 g	3.4 g	27.69 %
Hengstenberg Balsamico Bianco, 100 ml	114	0.0 g	29.9 g	0.00 %
Hengstenberg Delikatess Balsam Essig, 100 ml	68	0.0 g	18.1 g	0.00 %
Hengstenberg Delikatess Kräuter Essig, 100 ml	18	0.0 g	5.5 g	0.00 %
Homann Pikante Zigeuner-Sauce, 100 g	64	0.2 g	14.2 g	2.81 %
Ingwer, 100 g	61	0.8 g	11.0 g	11.80 %
Kikkoman's Soja-Sauce, 100 ml	54	0.0 g	5.7 g	0.00 %
Kikkoman's Süße Soja-Sauce, 100 ml	116	0.0 g	22.7 g	0.00 %
Kikkoman's Teriyaki Marinade, 100 g	83	0.0 g	15.2 g	0.00 %
Kraft Tomaten-Ketchup, 100 g	87	0.3 g	19.0 g	3.10 %
Maggi Gekörnte Brühe, 100 ml	3	0.2 g	0.2 g	60.00 %
Maggi Gourmet Bouillon Rind, 100 ml	3	0.1 g	0.4 g	30.00 %

Lebensmittel, Menge (essbarer Anteil)	Energie (kcal)	Fett (g)	Kohlen-hydrate (g)	kcal aus Fett (%)
Maggi Grundsoßen Bratensaft, 100 ml	42	2.8 g	3.3 g	60.00 %
Maggi Klare Hühner-Bouillon instant, 100 ml	11	0.5 g	1.2 g	40.91 %
Maggi Rinds-Bouillon instant, 100 g	6	0.4 g	0.3 g	60.00 %
Maggi Soßenbinder für dunkle Soßen, 100 g	33	0.8 g	6.8 g	21.82 %
Maggi Soßenbinder für helle Soßen, 100 g	33	0.8 g	2.3 g	21.82 %
Maggi Texicana Salsa. 100 ml	101	0.3 g	23.5 g	2.67 %
Meerettich, Glas, 100 g	188	1.9 g	1.9 g	9.10 %
natreen süsse flüssig, 100 g	1	0.0 g	0.9 g	0.00 %
natreen süsse Fruchtzucker Streusüße, 100 g	396	0.0 g	99.0 g	0.00 %
RUF Soßenpulver Vanille, zum Kochen, 100 g	345	0.1 g	85.8 g	0.26 %
Sardellenpaste, 100 g	195	11.3 g	8.2 g	52.15 %
Senf, scharf, 100 g	79	4.0 g	4.0 g	45.57 %
Senf, süß, 100 g	125	4.0 g	6.0 g	28.80 %
Veris Vision Fischfond, 100 g	294	5.1 g	46.5 g	15.61 %
Veris Vision Gänsefond, 100 g	294	8.6 g	46.4 g	26.33 %
Getränke				
Altbier, 250 ml	100	0.0 g	7.0 g	0.00 %
Apfelsaft, 100 g	57	0.0 g	11.7 g	0.00 %
Apfelsine, Saft, frisch, 100 g	46	0.2 g	9.4 g	3.91 %
Apfelsine, Saft, Handel, o.Z., 100 g	44	0.2 g	9.0 g	4.09 %
becker's bester Kirsch-Fruchtsaftgetränk, 100 g	56	0.1 g	13.0 g	1.61 %
becker's bester roter Traubensaft, 100 g	66	0.1 g	15.6 g	1.36 %
Paradise fresh Multivitaminsaft Direktsaft, 100 ml	63	0.0 g	11.5 g	0.00 %
Paradise fresh Orangensaft Direktsaft, 100 ml	46	0.2 g	9.4 g	3.91 %
Pils, 250 ml	105	0.0 g	8.0 g	0.00 %
Rotwein, 125 ml	95	0.0 g	3.0 g	0.00 %
Sekt, halbtrocken, 100 ml	90	0.0 g	4.0 g	0.00 %
Weißwein, 125 ml	85	0.0 g	3.0 g	0.00 %
Süßigkeiten und Knabbereien				
Dr. Oetker Dessert-Sosse Vanille, 100 g	350	0.1 g	86.8 g	0.26 %
Dr. Oetker Rote Grütze, 100 g	108	0.2 g	25.5 g	1.67 %

Lebensmittel, Menge (essbarer Anteil)	Energie (kcal)	Fett (g)	Kohlenhydrate (g)	kcal aus Fett (%)
Katjes Almdudler, 100 g	329	0.2 g	75.0 g	0.55 %
Katjes Euro Münzen, 100 g	341	0.2 g	78.0 g	0.53 %
Katjes Fred Ferkel, 100 g	335	0.2 g	78.0 g	0.54 %
Katjes Jogger Gums, 100 g	333	0.2 g	77.0 g	0.54 %
Katjes Katjes Kinder, 100 g	343	0.2 g	84.0 g	0.52 %
Katjes Katzen Pfötchen, 100 g	342	0.2 g	84.0 g	0.53 %
Katjes Saure Heringe, 100 g	328	0.1 g	75.0 g	0.27 %
Katjes Tappsy, 100 g	337	0.2 g	79.0 g	0.53 %
Katjes WineGums, 100 g	331	0.2 g	74.0 g	0.54 %
Katjes Yoghurt-Gums, 100 g	320	0.4 g	77.0 g	1.13 %
RUF Puddingpulver Schokolade, 100 g	326	1.9 g	73.2 g	5.25 %
RUF Puddingpulver Vanille, 100 g	344	0.1 g	85.5 g	0.26 %
XOX Apfelchips, 100 g	300	0.9 g	72.0 g	2.70 %
XOX Big Stixx Pfeffer, 100 g	408	4.9 g	75.6 g	10.81 %
XOX Big Stixx Sesam, 100 g	417	8.2 g	73.5 g	17.70 %
XOX Big Stixx Zwiebeln, 100 g	402	4.9 g	74.5 g	10.97 %
XOX SCHIPPS – Paprika, 100 g	438	14,0 g	73,0 g	28,77 %
XOX SCHIPPS – salted, 100 g	438	14,0 g	73,0 g	28,77 %
Fertigprodukte				
bofrost Alaska-Seelachsfilet 471, 100 g	74	0.4 g	0.0 g	4.86 %
bofrost Kabeljaufilet, naturbelassen 477, 100 g	74	0.4 g	0.0 g	4.86 %
Pfanni Knödel halb und halb, 100 g	319	1.0 g	73.0 g	2.82 %
Pfanni Rohe Klöße, 100 g	321	1.0 g	73.0 g	2.80 %
Pfanni Semmel-Knödel im Kochbeutel, 100 g	394	11.0 g	64.0 g	25.13 %
Alberto Pizza Vegetable, 100 g	169	5,0 g	23,0 g	26,63 %
bofrost Bruschetta Paprika und Zucchini 264, 100 g	171	2,4 g	29,7 g	12,63 %
Dr. Oetker Die Ofenfrische Pizza Champignon, 100 g	175	5,0 g	25,3 g	25,71 %
Dr. Oetker Die Ofenfrische Pizza Margherita, 100 g	206	5,8 g	29,5 g	25,34 %
eismann Fajitas 9452, 100 g	123	3,0 g	18,0 g	21,95 %
Iglo Bistro Baguettes Schinken, 100 g	220	5,6 g	33,0 g	22,91 %
Iglo Bistro Baguettes Tunfisch, 100 g	216	6,8 g	29,0 g	28,33 %
Iglo Kruston Bauernspeck-Zwiebel, 100 g	203	4,5 g	33,0 g	19,95 %

Register

Impressum

Bibliografische Information Die Deutsche Bibliothek
Die Deutsche Bibliothek verzeichnet diese Publikation in der Deutschen Nationalbibliografie; detaillierte bibliografische Daten sind im Internet über http://dnb.ddb.de abrufbar.

Wichtiger Hinweis
Die im Buch veröffentlichten Ratschläge wurden mit größter Sorgfalt von Verfassern und Verlag erarbeitet und geprüft. Eine Garantie kann jedoch nicht übernommen werden. Ebenso ist eine Haftung der Verfasser bzw. des Verlages und seiner Beauftragten für Personen-, Sach- oder Vermögensschäden ausgeschlossen.

Projektleitung: Kathrin Gritschneder
Redaktion: Damla Özbay, Dagmar Schmohl
Herstellung: Dagmar Guhl
Satz: Uhl+Massopust, Aalen
Rezeptfotos: FoodCentrale, Hamburg
Freisteller: Verlag
Umschlaggestaltung: Daniela Meyer
Reproduktion: Premedia, A-Wels
Druck und Bindung: Druckerei Uhl, Radolfzell
Printed in Germany

ISBN 3-426-64131-3

Gedruckt auf elementar chlorfrei gebleichtem Papier

Bitte besuchen Sie uns im Internet:

www.knaur.de

Weitere kulinarische Titel finden Sie im Internet unter www.genussvoll-leben.de.

GO! 3 FETT
max. 30% der Gesamtkalorien aus Fett